KINZAI バリュー叢書

「重職心得箇条」に学ぶ

銀行支店長の心得

吉田　重雄［著］

一般社団法人 金融財政事情研究会

■はじめに

多くの銀行で見逃されていることがあります。それは、支店長に対する真の教育が行われていないことです。副支店長等の役職であった者が支店長に昇格・昇進したとき、行内で「支店長研修」なるものが行われると思いますが、その内容はどのようなものでしょうか。支店長としての心得をどのように教えているのでしょうか。

支店長というポスト・職務に昇り上がるまでの二十数年間、銀行員は成果主義という評価尺度を意識する競争社会の中にいます。支店長になるまで、またなってからも、競争に勝つために、また業績や人事面で評価を得るために、正しくない考え方や恥ずかしい行為を自己正当化する支店長がいます。それは、それまでに仕えてきた支店長から指示・命令された行為であり、コンプライアンス上も問題はないと教育・指導されてきたことから、多少疑問に思ったり、後ろめたさを感じてもその色に染まることが組織社会の中で無難に生きてゆく知恵となったのかもしれません。新人時代に純粋な気持ちで疑問に思っていたことも、年数が経ち経験を重ねることで、銀行内での常識といわれることに染まり、だれもが「ゆでガエル現象」になっていくのでしょうか。多くの銀行員は正論をいいたいけれど、摩擦を避け、いいたいことも我慢するようになっていくようです。

「悪貨が良貨を駆逐する」ように、真面目に勉強し、正直で誠実に職務を行っても、数字競争に勝てない人は評価されず、道義的には疑問がある行為でも「清濁併せ呑む」ことを正当化することで、数字を伸ばす人が評価される仕組みになっていて、そういう人が支店長になるようでしたら大変です。

このような状況が現場にみられるとき、上記のような競争社会で勝ち、育ってきた支店長に人材育成という重要な経営課題を任せてよいのでしょうか……ということが、問題認識の始まりです。

西郷隆盛が記した「西郷南洲遺訓」の冒頭に次のような記述があります。「何程國家に勳勞有る共、其職に任《た》へぬ人を官職を以て賞するは善からぬことの第一也。官は其人を選びて之を授け、功有る者には俸禄を以て賞し、（～以下略）」（『西郷南洲遺訓』岩波文庫・五頁）

西郷は、いかに国家に功労があったとしても、その職を任《た》えない人に地位を与えてはならない。地位はそれに相応しい見識をもつ人に与えるべきで、功労には報償で報いるべきである～といっています。

現代においては、ヤマト運輸の元社長小倉昌男が著書『経営学』（日経ＢＰ社）において経営者の資質について次のように書いています。

「経営者には「論理的思考」と「高い倫理観」が不可欠だと考えている。経営は論理の積み重

ねである。したがって、論理的思考ができない人に、経営者となる資格はない」（同書二七一頁）

しかし、残念ながら銀行においては数的業績成果が昇格・昇進の重要な条件になっており、論理的思考や高い倫理観をもつ人よりも業績を伸ばした人が支店長に選ばれる傾向があるようにみられます。

筆者は、そのような人事政策を全面的に否定するつもりはありません。しかし、人格や思考に問題がありながらも、業績を伸ばすことに長けている人を支店長に登用する場合、それまでの行動や考え方で支店長職が務まるかは一考を要すると思います。なぜならば、論理的思考や高い倫理観をもつことより業績優先の経営が行われると、人材の教育・育成は後回しにされ、業務のやり方も時として歪められ、長期的には人材のレベル低下や取引先からの信用・信頼を失うことにつながる懸念があるからです。業績貢献度を最重要視して支店長に登用する場合、支店長研修において論理的思考や高い倫理観をもつことが重要であることを再認識させる必要があると思います。

支店長が職務を遂行するとき、観念的・画一的・形式的な対応では処理できない出来事が必ず発生します。支店長職はいままでに経験したことがない局面に遭遇します。その時、支店長は経営者として、指導者としていかに在るべきかが問われます。まさに支店長としての能力・識見・人格が求められます。

支店長はどのような心得をもって支店経営を行うべきでしょうか。世の中の変化するスピードは速く、銀行の業務も多様化するなか、支店長としてやるべきことは多く、新たな知識も学ばなければいけません。そのような状況下にあって、支店長としていかにすれば的を射た結論に導くことができるか、何が最善の方法か、またそれをいかに学び、身につけることができるかを考えなくてはいけません。しかし、支店長が物事の決断を下すとき、可否や善悪を判断するマニュアルはありません。

どうすればよりよい判断や選択ができるか、どうすることが顧客や部下のためになることなのか、それを考えるとき何か指針となるものはないか、判断をする際に参考になるものはないかと思うはずです。あなたはいままでの自分の能力を信じることで、支店経営を上手に行うことができると考えているのでしょうか。

昨年、ディズニーのアニメ映画「アナと雪の女王」が大好評を博しました。その主題歌「Let It Go」は「ありのままで」という訳詞で大ヒットしたことは記憶に新しいところです。

支店長であるあなたは、「ありのまま」の自分の姿で支店経営を行っているのでしょうか。昨日まで支店長に仕える立場にあった自分が、支店長職の発令を受けたとき、いままでの自分を「ありのまま」に出せば立派な支店経営ができると思っているのでしょうか。

「ありのまま」という言葉は、自己を肯定する甘いニュアンスを感じさせる一方、まだ足らない点があるという未完成の自分を想起させるニュアンスもあると思います。「ありのまま」の自分を認めてもらいたいということはだれもが思うことかもしれません。しかし、支店長という職位は、部下をもち、支店経営に責任をもつ立場です。いままでの自分の「ありのまま」の姿で十分に職責を全うできるであろうかと真剣に考えてみてください。

自然界は雨が降り、台風が来て、地震、津波、火山の噴火があるように、いつも晴れた穏やかな日だけではありません。同様に、支店テリトリー内の地域経済の状況や数多くの取引先の業績も浮き沈みがあり、銀行業務を取り囲む経済・金融環境も日々変化します。人間の心も、怒りや嫉妬、喜びや哀しみなど、感情に揺れ動き、支店長といえども、いつも「ありのまま」の自然体でいられるとは限りません。

支店長という職責を担うことになったとき、その職務を全うするためにはいままでの自分に足らない点は何かを考え、また冷静さや公平さを保ち、誠実なマネジメントを行うためにはどのようにしたらよいかを考えることが求められます。それは次のような式で考えてみてください。

「理想の支店長像」－「いまの（ありのままの）自分」＝「足らない点」

この「式」の引き算の答である「足らない点」が、「いまの自分がやらなければいけないこと」であると認識することが大事です。経営者としてマネジメントを行ううえで知るべきこと、業務遂行上必要な商品知識・金融経済動向・法律知識、部下の指導・教育・育成を行うための○

ＪＴの方法、上に立つ人間として範を垂れるべきこと、等々において自ら「足らない」と感じるところがあれば、それを「足る」と思えるようになるまで努力しなければいけません。部下が担《かつ》ぐ神輿《みこし》に乗り、わからないこと・知らないことは部下に聞き、任せるという安易な考え方ではいけません。「ありのまま」の自分で支店経営を行うということは、努力せず進歩しない自分がそこにあり、支店を取り囲む環境が変化するなか、それは経営者としての能力の実質的後退を意味し、許されることではありません。支店長に求められることは、過去の実績ではありません。未来を切り開く能力が求められるのです。

支店経営者としての考え方や必要知識を身につける努力を行うことなく、本部から与えられた数的目標を達成することだけが「自分のやるべきこと」＝「使命」と考えるような支店長ではいけません。ありのままの自分を出し、自分勝手な思い込みと権威主義だけで支店経営を行うことでは、支店長職を立派に務めあげることはできません。

そのような心得なく、「ありのまま」の姿で上に立ち失敗した人がいます。小泉政権時代の田中真紀子外務大臣です。大臣としてのプライドを笠に着せ傲慢な態度で外務省職員に接し、公私混同の振る舞いや傍若無人の発言をする田中外相に対して、小泉総理が「重職心得箇条」のコピーを渡した話は有名です。田中外相は「こんな古臭い本なんか読む必要はない！」といったかどうかは知る由もありませんが、結局は自らを変えられなかった田中外相は更迭されました。

田中外相は、一つの主張を検証することなく鵜呑みにしたり、公の場でヒステリックに怒鳴ったり、個人的な用事を外務省職員にいいつけたり、国会の審議中でも自分の都合で中座したりする大臣でした。これに似たような行動をしている支店長はどこの銀行にも必ずいると思います。田中外相が「重職心得箇条」をしっかりと読み、上に立つ者の心得を学んでいれば事態は変わっていたかもしれません。

「ありのまま」の自分は年齢とともに変わります。四十歳代から五十歳代になれば年齢とともに顔立ち、髪の毛、体型が変わり、体力・視力は落ちます。年齢を重ねることは、仕事上においていろいろな経験を積むとともに、家庭生活においても自分・家族にもさまざまな出来事が起こり、あらゆることが支店長の人格形成や判断力等に少なからず影響を与えます。「ありのまま」の自分は、年齢や家庭によって無意識のうちに変化する面もありますが、支店長という辞令を受けたとき、無意識の変化とは別に、意識的に自ら変化する必要があるか否かを考えるべきです。

銀行内では「新任支店長研修」なるプログラムがあると思います。また、「支店長の仕事」に関して、部下の使い方・リーダーシップ論・管理方法等のノウハウを書いた本も市販されています。これで支店長の心得を学ぶことができます。しかし、本書のねらいはそれとは異なります。本書は銀行支店長としての心構えや管理手法のノウハウを教える本ではありません。支店経営を行うために必要な道徳倫理観を磨き、経営者として自覚をより高くもつためには、ノウハウを教えられて知り学ぶことではなく、支店長自身が考え、自ら意識改革を図ることが大事です。支店長は自分の性格や能力を冷静に分析したうえで、自分に足らない点は何かを考え、それを自覚することが重要であると思います。前述の式の「足らない点」は人によって異なるからです。自ら考えるためにはノウハウ的な内容を記すことでは意味がありません。

「温故知新」（故《ふる》きを温《たず》ねて新しきを知る）という言葉があります。古典になった「知」は本物「知」といえます。単なるハウツーものや、その時代だけに通用する知識ではありません。古典に触れ、そこに記されていることを学び、自分の頭で考えることは、必ず自らの血肉になります。

そこで、本書では小泉総理が田中外相に渡した佐藤一斎の「重職心得箇条」を題材に選び、ここから上に立つ者の心得、現在に通じる道理を得たいと考えました。第2章において筆者が「重職心得箇条」に記されている一七箇条を銀行支店長向け用に解説することを試みました。支店長諸氏におかれては、筆者の解説を正しいものとして読むのではなく、これを参考にして自らの考えを確立していただきたいと思う次第です。そのためには、筆者の解説は批判的精神をもって読み、自行の状況や自らの経験と照らし合わせ、そして本質を直視し、しっかりと考えていただきたいと思います。現実や常識を健全な懐疑心をもってあらためて見直すことによって、思考レベルは一段高まり、ブレークスルーが生まれてくるかもしれません。

続いて、第3章では筆者の経験を踏まえた「支店長の心得と行動規範」を書きました。どちらも、浅学菲才な筆者が解説すること自体、僭越至極のことと自覚しています。私はこの解説こそ正しいという主張をする意識はさらさらありません。むしろ、私の解説を参考にし、あるいはこれも批判的に読み、読者である支店長ご自身のセンスで適当に希釈していただくことでよいと考えます。私が一片の赤心に促され書いた解説を読むことで、「支店長の心得」を考える際に少しでも参考になれば幸甚に存じます。

平成二七年八月

吉田　重雄

目次

第2章　「重職心得箇条」を読む

第3章　支店長の心得と行動規範

プロローグ

こんな支店長では……?

1　現場における支店長の姿

銀行を舞台にした池井戸潤原作のドラマ「半沢直樹」がテレビでヒットしました。そこには理不尽な支店長が登場しています。このドラマをみて、「銀行にはこういう支店長がいるんだ」「銀行ってこういうところなんだ」と思った人は数多くいると思います。事実、私は銀行を辞めて十数年が経ちますが、複数の友人知人からメールが来て、「こういうことって実際にあるの？」と聞かれました。

支店長であるあなたは、どのような思いであのドラマを見ましたか?

第一部では、支店長からの一方的な指示で行われる貸出の話がありました。ドラマのように、取引先の社長とグルになってキックバックを求めるような犯罪絡みの融資は、まずありえませんが、貸出先の社長と個人的に親密になり、情実で貸出をする支店長はいると思います。あるいは、自らの実績を上げるために、取引先が必要としない借入れをお願いベースで頼み込む支店長は数多くいると思います。

第二部では、「行内ポリティクス」といわれるような問題が描かれました。銀行内では立場や考え方の違いなどから、人間関係の不和はどこの銀行にもあると思います。有体にいえば、社会正義や取引先のことを第一に考えることより、自分の直接の上司や、権力・権限をもつ上役の顔色を窺いながら発言し行動する支店長の姿はどの銀行においてもありえると思います。

ドラマでは役員に媚びを売る支店長、机をドンドン叩き部下を怒る支店長、融資の焦げ付きの責任を部下に押し付ける支店長など、理不尽と思える支店長の姿がありました。

このドラマにおいて現実にありえると思われる場面に自分が立った場合、支店長であるあなたはどのように考え、どのように行動するか……を自ら問うことが大事であるように思います。なぜなら、支店長としての自分を客観的にみて省みることは、支店長の在り方を考えることにつながると思うからです。部下からみると、理不尽な支店長は必ずどこの銀行にもいると思います。

たとえば、実績が目標数値に大きく未達の者、事務ミスをした者、成果がなかなか出ない者、顧客からクレームがあった者、等々の若手を支店長席の前に立たせて、「黙ってないで、何とかいえ！」「甘ったれるのもいい加減にしろ！」「お前なんか必要ない！」と怒鳴りながら説教する支店長。その若手の上司である課長や代理を呼びつけ、「お前は毎日、何をしているのだ！　部下の指導も管理もろくにできていない。だから成績も上がらないんだ。それで課長といえるのか‼」と叱りつけている支店長。挙げ句の果てに、「目標達成するまで支店に戻ってくるな！」「お前なんていらない。お前のかわりにもっと優秀な人材を人事からもらう」という支店長。会議では、「お前が俺に意見するのは一〇年早い。数字で実績をあげていない者に意見をいう資格はない。黙っていろ！」「いいから俺のいうとおりにやれ」と興奮して話す支店長。支店内では大声で怒鳴る支店長だが、役員の前では借りてきた猫のようにおとなしく、「すいません」「ごもっともです」「はいわかりました」と平身低頭する支店長。あなたはどうですか？

そもそも支店長の役割とは何でしょうか？　そして、あなたが支店長として心がけなければいけないことは何でしょうか？　あなたは支店長として、やるべきことをやっていますか？　あなたは支店長として相応しい能力を備え、人格的に部下から尊敬され、顧客から信頼されていますか？……を自問自答してみてください。

2　現状はアブノーマル……!?

筆者は前著『銀行ルネサンス』（金融財政事情研究会）において、元住友銀行の役員の大島堅造氏の以下の文章を引用・転載しました。それは、同氏が著した『一銀行家の回想』（日本経済新聞社）に記されている文章です。同書が書かれたのは50年以上も前であり、時代背景はずいぶんといまとちがいますが、いまでも的を射た文章であると思い、紹介します。

私の心配するものは、今の銀行員諸君が、銀行業とはこんなものだ、と思い込むことだ。現状は全くアブノーマルだ。これをノーマルに戻すのが、将来のわが銀行業を背負って立つ諸君の任務であることを、心に銘記してほしい。　～中略～　若輩のケインズが「アダム・スミスは、アブノーマル状態は九十年と続くことはないといった」と述べると、ノーマン・モンタギュー英銀総裁が、この小僧何をいうかとばかり、「アブノーマルが長く続けば、それはノーマルになってしまう」とたしなめた。これは名言だと思う。

私のいわんとするところは、わが国の銀行業の現状はアブノーマルであって決してノーマルではない。銀行経営者の責務は、一日も早くこれをノーマルな状態に引き戻すことにある、ということだ。（同書三二八〜三二九頁）

たとえば、筆者が拙著や研修・講演において、貸出業務における〝恥ずかしい〟と指摘している行為（「早割り・早貸し」「貸込み」「期末日超え短期融資」等）は、アブノーマルなことです。なぜならば、銀行は自らの利益を確保（増大）させるために、本来支払う必要がない利息を取引先の収益から奪うような行為であるからです。それが銀行内ではボリュームと収益を稼ぐ方法として常識とされ、これを行うことが常態化していることは、まさに「アブノーマルが長く続けば、それはノーマルになってしまう」ことの典型的な例かと思います。それをノーマルな状態（社会的正義・良識的行動）に引き戻すためには銀行員のモラルアップが必要です。その先頭に立つのは支店長であるべきと考えます。

銀行業務の最前線の支店経営者である支店長がしっかりしていなければ、業務遂行においてアブノーマルな状況・事態が続き、将来を担う若手行員もアブノーマルなそのような状況・事態が当たり前であると思い込み、間違った考え方に染まり、その結果、銀行は経済社会・顧客から信頼されなくなります。

支店長が収益至上主義のもと、数値目標を達成することだけを目的とする支店経営を行い、他行との競争のみならず、同じ銀行内でも業績表彰をとるため他店との競争に勝つことを強く意識し過ぎると、銀行業務の本質を見失ってしまいます。

その時、部下たちは支店長のいうことに盲目的に従わざるをえない状況下に置かれ、自らの考えをいえなくなり、またいわれたことしか行わなくなります。そこに道徳倫理観が欠如し、コンプライアンスに抵触するおそれが生じる可能性が高くなることは確かです。

銀行は「顧客第一」「顧客満足」というスローガンを掲げているにもかかわらず、実際は、数的目標達成を一義的に考え、「銀行第一」「銀行満足」の行動になっているようです。支店長が業績表彰をとることを最大の目的として、「自分第一」「自分満足」という仕事をしている実態は、銀行が掲げるスローガンは有言不実行であり、それはアブノーマルな状態であるといえます。

世間からみると恥ずかしい行為であるにもかかわらず、「銀行のため」「自分が評価されるため」「法律に抵触していないならば問題はない」という意識で仕事を行うことが当たり前と思っている支店長がいます。支店長として部下を正しく指導する立場でありながら、〝人として恥ずかしくないか〟という道徳倫理観を欠き、数値目標の達成だけが支店経営の唯一の目的と思っている経営は明らかにアブノーマルといえます。

3　本質を見極めない支店長

支店長のほとんど多くは、「自分はしっかりと考えて経営を行っている」と思っています。しかし、「本質を考えているか？」と問われ、自信をもって「はい」と答えられる人はどれだけいるでしょうか。時間をかけて真剣に考えているからといって物事の本質をとらえているとはいえません。

支店長は目にみえる現象に惑わされず、その裏側で何が起きているのか、どうしてこうなるのか～というように、物事の本質に目を向けなければいけません。

たとえば、

○有給休暇をとっていない人に対して、「必ずとれ、命令だ！」という。

○貸出金額が伸びないことについて、「なんとかしろ！」という。

このような指示は、〝有給休暇をとっていない〟〝貸出金額が伸びない〟という現象面の裏返しをいっているにすぎない筋の悪い答です。そこに、現象の裏にある本質を考えている姿はみえません。そこに経営者としての視点の浅さが感じられます。

大事なことは、〝有給休暇をとっていない〟〝貸出金額が伸びない〟という現象の裏側にある本質＝原因・理由を見極めて、具体的な指示・対策を出すことです。

有給休暇がとれない理由は、仕事の分担が過重であることが原因なのか、本人の能力不足によるものなのかによって上司・経営者として対応策が異なるはずです。貸出が伸びない現象に対して「なんとかしろ！」といっても意味はありません。精神論や根性論を持ち出しても、貸出金額は伸びません。貸出が伸びない原因は、地域経済が抱える構造的問題（業種の偏り・人口減少等）なのか、大口先の返済による影響なのか、それとも金利等の貸出条件が他行と違うことによるものなのか、あるいは担当者の顧客対応のまずさに原因があるのか、ということを考えなければいけません。

また……、

○今期の収益達成率が低調である➡「早割り・早貸しを行って稼げ！」

○投信販売目標額が未達である➡「△△社長に購入のお願いをしよう！」

この例も本質を考えることなく、従来から行ってきた安易な手段・方法をとっているだけです。ここに経営者としての識見や施策はみえません。いずれの例も、表面に現れた状況に対応して物事を処理する、「対症療法」といわれるやり方です。本質を考えているとはいえません。

支店長が物事の本質を考えず、「対症療法」で支店経営を行うと、二つの問題が潜在化し、それは銀行全体の経営にも大きく影響を及ぼします。

その一つは、そのような支店長のやり方をみて育つ部下は、将来同じような考え方で経営することになる懸念があります。しっかりした指導教育がなされていない状況で立派な人材は育ちません。二つ目は、対症療法による経営で支店の業績をあげることができたとしても、それは一時的な成果にすぎず、そのような業績は長続きしません。本当の業績とはいえません。その結果、銀行の人材レベルは高くならず、モラルは低く、業績も表面的な数字で飾られ、質的な信用力は落ちていきます。

そのようにならないためには、現場で顧客と向き合い、地域経済の実態を知り、現象の本質を見極めて、原因そのものを直す・正す等の「原因療法」を行わなければいけません。また、結果につながる思考と、それに基づき意思決定するためには、目先の情報にとらわれたり、現象の上辺だけをみるのではなく、本質を直視して考える努力が大切になります。それが支店長の役割であり責務です。

4　経営者としての役割

支店長は文字どおり支店の経営者です。プレーヤーではありません。銀行業務を行う支店の経営全般にわたってその運営に責任をもつ者です。支店長は、まず何よりも支店経営について理念をもち、それを自らの発言・行動の原点としなければいけません。支店長の経営理念が確固たるものでなければ支店経営は不安定になります。

支店長という名に恥じないためには、支店経営を行うに際し、揺るぎない経営理念を掲げ、まっとうな方針と指示を出すことが求められます。管理のテクニックと数的業績だけに関心があり、権威主義的に振る舞うことは、支店長として望ましい姿ではありません。

自分が支店長として在任するときだけ業績をあげることができればよい〜という考え方に立ち、数的目標達成のため猪突猛進の経営を行うことは間違っています。道徳倫理的にも疑問がある無理なやり方を行い、後々、銀行や後任者に負の遺産（貸出債権の不良化・部下に対する不公平人事、顧客からの信頼失墜等）を残すようなかたちで数的業績をあげることは論外です。支店長は、「ボーナスは自分に、リスクは銀行に」という利己的な考えで経営を行ってはいけません。

いずれ定年で銀行を辞めた時、「あなたが銀行に貢献したことは何か？」と問われて、あなたはどのように答えますか？「□□支店で業績表彰をとったこと」ということが唯一の誇りになるのでしょうか。そのことをいったとき、元部下から「実は……」と無理に数字をつくった実態について後ろ指をさされ、顧客から陰口をいわれるようでは、恥ずかしいと思いませんか。

支店長としての役割・使命は二つあります。一つは、本部から与えられる目標を達成するべく、まっとうなやり方で業績を伸ばし、収益を稼ぎ、競合他行に勝つ実績をあげることです。もう一つは、部下に対する教育・指導・育成をしっかり行うことです。

ところが、多くの支店長は業績向上については頑張りますが、もう一つの役割である教育・指導・育成には関心が低いといわざるをえません。この二つは車の両輪として認識しなければいけませんし、両方ともに成果をあげなければいけません。

支店長は、部下を教育・指導し、育成することが支店の戦力アップにつながり、支店全体のチーム力を高め、明日の銀行を支える後継者をつくることであるということを認識する必要があります。まっとうな考え方をもつ部下を教育・指導・育成することが業績アップにつながるのです。

数的業績アップを図るのに忙しく、人材育成に費やす時間がないという支店長がいます。新人を育てる時間があるなら、業績推進に時間を費やしたほうがよいと考えているのでしょうか。そもそも、業績向上と人材育成を別のことと考えているところに間違いがあります。業績の向上を図るためには人材育成が最も重要なことであることを忘れてはいけません。まして、数的結果を追い求めることだけに時間を費やし、時間がないという理由で、部下の指導育成を怠り、かつ業績確保のために恥ずかしい行為や間違った考え方を教えることは、支店長として、経営者として失格といわざるをえません。

5　権力と権威、そして権威主義について

経営者としての本来の役割を忘れた支店長は、権威主義を振りかざす経営を行いがちです。

支店という組織には、地位（ポスト）があり、職責（使命）があり、指示命令系統があります。組織においては指示命令系統に従って意思決定がなされ、行動する仕組みになっています。

そこでまず「権力」と「権威」について正しく知ることが大事です。

まず広辞苑で意味を調べてみますと次のように書かれています。

○「権力」……「他人をおさえつけ支配する力。支配者が被支配者に加える強制力」

○「権威」……「他人を強制し服従させる威力。人に承認と服従の義務を要求する精神的・道徳的・社会的または法的威力。その道で第一人者として認められている人」

これではよくわからないので筆者なりに解釈すると次のようにいえると思います。「権力」とは、地位を得ることで行使できる権限です。支店長がもつ「権力」とは、支店経営に際して取締役会（組織規程・権限明細）で認められ、与えられた専決権限がそれです。「権威」とは、支店長という地位とは関係なく、その人がもつ実力・能力・人格から出てくる威光といえます。「威光」とは、人に尊敬される犯しがたい威厳という意味です。

このように理解すると、銀行における「権力」と「権威」は次のようにいえると思います。支店長が権力を行使するとき、その支店長に権威がないと、～言い換えると権威がない支店長の権力の行使は、実力・能力・人格の欠陥を、ポストに与えられた力（権限）で服従させる行為であると部下にはみられます。

部下は、支店長の指示命令に従うロボットではありません。部下は、支店長に権威を感じ、支店長の考え方と指示を信じ、支店長を人間として尊敬することで、支店長の指導に自ら従いたいという内的要求が生まれるのです。支店長に権威を感じ、権威に従うことが内的な自分の意思からの動機づけとなるのです。そこに、部下は自らの主体を失うことはありません。

これに対し、ただ権力に従うだけの部下には主体性はありません。自我を出せずに抑圧された状況における部下には主体性はみられません。

組織には権力が存在しますが、それが本来的な責任の遂行を妨げるような状況に陥ったとき、すなわち支店長が発する指示命令が真の権威から逸脱し、形骸化したとき、権威が「権威主義的」とマイナスイメージでとらえられるようになります。「権威主義」という言葉は、政治学的な用法では、非民主的な体制の総称として使われ、独裁・専制・全体主義を含むときに使われます。

支店長が権威主義を振りかざすとき、それは非倫理的な行動（たとえば早割り・早貸し等）やリスクの高い行動（たとえば業績悪化先に対する貸出等）の無理強い等になって現れ、それを支店長自らが自己正当化することで、部下の良心的発言を妨げる等の問題点を引き起こします。

また、セクハラ・パワハラ等の問題を起こす人にみられる共通点は、一般論として、役職名にすがり、肩書きを利用する権威主義的性格の持ち主であるといわれています。私が若手行員に対して行った研修においても、そのような声は聞こえます。若手が自分の考えを述べたとき、支店長から「お前が俺に意見するのは一〇年早い」「数字で実績をあげていないお前にそんな意見をいう資格はない。黙れ！」といわれたそうです。まさに威圧的に部下の発言を封じています。その結果、部下は批判の口を閉ざし、正論もいえなくなり、支店組織は自己修正機能を失います。

人間は、どんな役職にいても、どんな命令系統下に置かれても、自我を捨てて主体性を放棄したところでは、精神の拠り所が失われ、自分を維持できなくなってしまいます。それを矯正しようと権力を振りかざせば振りかざすほど、部下は精神的に拒否反応を起こすことになります。

部下は支店長の発言と行動を手本にして、仕事のやり方についても支店長の実力と能力の高さを認め、支店長に従い、ついて行くことで喜びを感じ、そこに精神が充足するのでなければ、支店長に権威があるとはいえません。

支店長には権威が求められます。しかし、権威があることと、人間として完璧であることとは異なります。人間として弱点や欠陥はだれもがあります。弱点や欠陥があっても権威は成り立ちます。その裏付けとなるのは、正直さと誠実さ、そして愛情を備えた人格かと思います。

連合艦隊司令長官の山本五十六は次のような言葉を残しています。

やってみせ、言って聞かせて、させてみて、ほめてやらねば、人は動かじ

話し合い、耳を傾け、承認し、任せてやらねば、人は育たず

やっている　姿を感謝で見守って、信頼せねば、人は実らず

これらの言葉の意義はあえて解説する必要はないと思います。

6　支店長として信頼されていますか？

さて、あなたは支店長として部下から信頼されているでしょうか。山本五十六の言葉をかみしめ、以下諸点をセルフチェックしてみましょう。これは「支店長の心得」を考えるときの反省材料にもなります。

以下のチェック項目を読み、自分を客観的にみてみましょう。

①　自分ができないことを無理に押し付けていないか。
②　自分に対する忠誠心を重くみていないか。
③　部下の行動や結果をみて、素直に褒めているか。
④　失敗について厳しく責任を追及する傾向はないか。
⑤　自分の発言で議論が止まったり、結論が決まったりしていないか。
⑥　反対意見に耳を貸さない傾向はないか。
⑦　前例踏襲主義を重んじる傾向はないか。
⑧　部下とのコミュニケーションに不足・問題はないか。

⑨　細かいことまで報告を求めていないか。
⑩　稟議書や報告メモはしっかりと精読しているか。
⑪　過去の実績や業績の自慢話をしていないか。
⑫　顧客・取引先を見ずして、本部に目を向けていないか。
⑬　部下の行為について責任をとる度量を備えているか。
⑭　人材育成を図るために具体的な行動を起こしているか。
⑮　業績至上主義に走りすぎていないか。
⑯　自己啓発を怠っていないか。
⑰　公私混同していないか。
⑱　プライドが邪魔していると感じたことはないか。
⑲　顧客や行内の人の悪口を、顧客や部下にいっていないか。
⑳　頭取・役員と親しい関係にあるという話を部下に自慢していないか。

さて、プロローグを読んで、支店長職のあなたは、自分自身の職務・職責について何を思い、何を考えましたか。自らを省みるとき、支店長としての心得・矜持に十分誇りをもてる自分がそこにいるでしょうか。じっくりと考えてみてください。

第1章

佐藤《さとう》一斎《いっさい》と「重職心得箇条」

第1項 佐藤一斎について

「重職心得箇条」を読むに際して、これを著した佐藤一斎という人物について知ることは大事です。

少にして学べば、則ち壮にして為すこと有り。
壮にして学べば、則ち老いて衰えず。
老いて学べば、則ち死して朽ちず。

これはだれもが耳にしたことがある言葉かと思います。人が学問をすること、精進することで、人はそれぞれの段階で花開くことを教えています。

支店長であるあなたは、「少にして」＝学生時代にしっかりと学びましたか？　支店長になったいま、「壮にして」学んでいますか？

この言葉は、小泉総理が平成一三年五月に行われた教育関連法案の国会審議で述べたことで有名になりました。

この言葉は「言志四録」（注）のなかの一冊、「言志晩録」に収められています。これを著したのが佐藤一斎という人物です。

（注）「言志四録《げんし》」……次の四冊から成っています。「言志録《ろく》」（二四六章）・「言志後録《こうろく》」（二五五章）・「言志晩録《ばんろく》」（二九二章）・「言志耋録《てつろく》」（三四〇章）

佐藤一斎は安永元年（一七七二年）江戸浜町（現在の東京都中央区日本橋浜町）にあった美濃国岩村藩邸で、岩村藩家老佐藤信由《のぶより》の次男として生まれました。

一斎は幼い頃から読書を好み、才童の誉れ高く、水練（泳ぎ）・射騎（弓術と馬術）・刀槍（刀と槍）などに優れ、一七歳で士籍に上がり、藩主松平乗蘊《のりもり》の近習となるが、それ以前から三男松平乗衡《のりひら》の近侍としてともに儒学を学びました。この松平乗衡は後に朱子学宗家の林家《りんけ》の養子となり、大学頭《だいがくのかみ》林《はやし》述斎《じゅっさい》を名乗り、昌平坂学問所（昌平黌《しょうへいこう》とも称される）の儒官となる人物です。

一斎は二〇歳の時に学問を志し、大阪の懐徳堂中井竹山《なかいちくざん》のもとで陽明学を学び、京都の皆川淇園《みながわきえん》について学び、二一歳で江戸に戻り、大学頭林簡順《はやしかんじゅん》（後に林述斎の義父）の門に入ります。林簡順が早く亡くなった後、林家に世継ぎがいないため、幕命により林述斎が林家の養子に入り、八世大学頭の跡を継ぐことになり、これによって一斎と林述斎の間柄は師弟の関係になり、一斎は三四歳で林述斎のもとで塾長となります。

林家は、京都新町四条上るに住居していた儒学者林羅山が徳川家康の求めで江戸に移り、私学塾を開き出仕し、幕府の保護を受けます。後に幕府の学問所となり、官学として「昌平黌」に発展し、明治維新まで続きます。今日の東京大学の前身でもあります。

一斎は林述斎の右腕として多くの学生の教育にあたりました。林述斎が天保一二年（一八四一年）七月に七四歳で亡くなり、幕府は一斎を昌平坂学問所の学頭（儒官）に任じます。

当時、全国に二三〇余の藩校があり、各藩は成績優秀の俊英を選りすぐり昌平坂学問所に送り込んで、一斎の薫陶を仰いだといわれています。一斎は三〇〇〇人ともいわれる弟子を育て、人材を世に送り出したのです。

一斎の弟子の中でも特に有名な人物は、〝昌平黌の双璧〟といわれた佐久間象山（信濃国松代藩士）と山田方谷（備中国松山藩士）です。佐久間象山の弟子には〝二とら〟といわれた吉田寅次郎（＝吉田松陰・長州藩士／松下村塾で有名）と小林虎三郎（長岡藩士／「米百俵」で有名）がいました。山田方谷の弟子には河井継之助（長岡藩士）がいました。

幕末から維新にいたる歴史的転換期に、一斎の門下からはほかにも横井小楠・渡邊崋山など多くの逸材が輩出されました。次頁に掲げる「佐藤一斎の学脈と主たる門人たち」（注）の図をご参照ください。どれほどの多くの有能な人たちが佐藤一斎のもとで学んだかが一目瞭然にわかるかと思います。

（注）出典：『佐藤一斎言志四録手抄　彫板　名言録集』（特定非営利活動法人いわむら一斎塾）

一斎の直接の門人であった彼らは、その下の世代に対して一斎の思想を伝えました。図にあるように、佐久間象山は勝海舟・坂本龍馬・吉田松陰・小林虎三郎の師であり、山田方谷は河井継

佐藤一斎の学脈と主たる門人たち

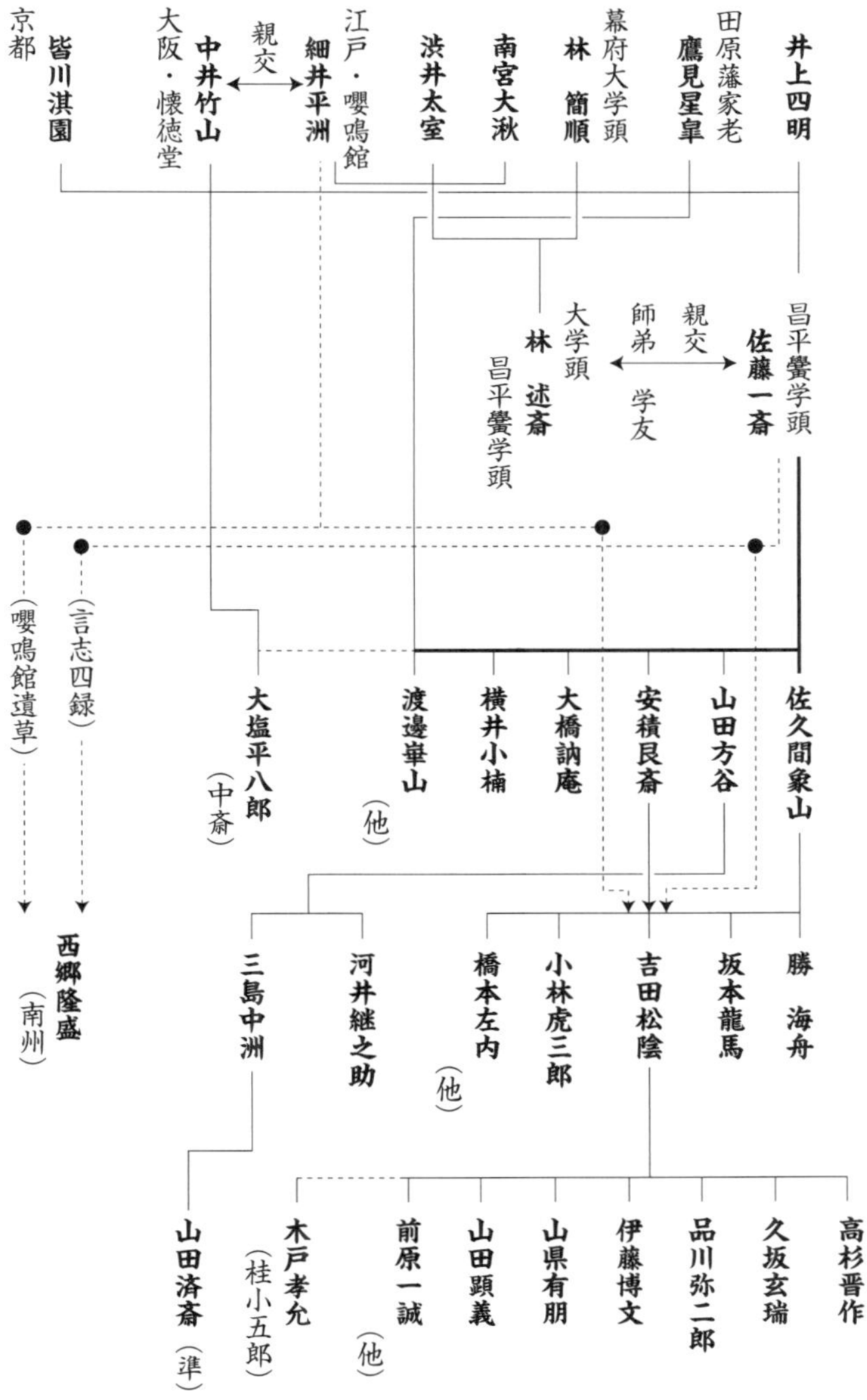

作図　徳増　省允

之助を育てています。

吉田松陰は一斎の孫弟子に当たりますが、彼の松下村塾には高杉晋作、伊藤博文、山県有朋、木戸孝允たちが学びました。

また、西郷隆盛は一斎に直接学ぶことはありませんでしたが、一斎の思想に深く私淑し、一斎の著作である「言志四録」から百条余の言葉を抜粋して座右に置いた話は有名です。西郷が沖永良部島へ遠島を命じられたとき、西郷は一斎の「言志四録」をむさぼるように読み、その中から一〇一条を抜き出して編纂したのが「南洲手抄《なんしゅうしゅしょう》言志録」です。西郷はこれをもって自己錬成の糧としたことで有名です。

このように、明治維新を成し遂げた幕末の志士たちの多くが佐藤一斎の教えを学び、近代日本を切り開く支えとなったといえます。佐藤一斎は歴史の舞台に華々しく登場はしていません。しかし、その志は多くの門下生によって見事に開花しました。いまの時代も、佐藤一斎の思想は政治家だけでなく、経済界でも多くの経営者・リーダーに読まれています。

佐藤一斎の名前が世に知れたのは、小泉総理によるところが大きいと思います。小泉総理は、佐藤一斎の孫弟子である小林虎三郎の「米百俵」の話を衆議院本会議で持ち出して、新しい時代に必要な人づくりの教育が第一であると話しました。そして教育関連法案の審議においては、本項冒頭に掲げた「少にして学べば～」という佐藤一斎の言葉を話しました。さらに、田中真紀子外相が外務官僚と軋轢を起こし、失言や暴言を吐き、大臣としての資質に問題ありと思った小泉総理は、田中外相に〝上に立つ者の心得〟として佐藤一斎の「重職心得箇条」を渡しました。田中外相がこれを読み、大臣としての発言や行動を反省し、心を入れ替えていたならば、外相は更迭されなかった～かどうかは知る由もありません。

このことから「重職心得箇条」は世に知られるようになったのです。

第2項　「重職心得箇条」について

佐藤一斎は前述したとおり、出自は美濃国岩村藩の家老佐藤信由の次男です。文政九年（一八二六年）に岩村藩主松平乗保《のりやす》が亡くなり、子の乗美《のりよし》が三六歳で第五代藩主に就くまで、佐藤一斎は岩村藩ではなんの職分ももっていませんでした。しかし、新藩主乗美に対する輔導（注1）を務めていたことから、佐藤一斎は老臣（注2）の地位に列されます。

（注1）　輔導……少年などを正しい方向へ助け導くこと。儒学の経典をもって指導したといわれます。

（注2）　老臣……身分の高い家臣、年老いた家臣。現在では「取締役相談役」という扱いと思われます。

佐藤一斎はすでに江戸で学業成就して名前は広く知れ渡り、全国の大名から招かれ、藩政について諮問を受けるほどの有名な人物でした。岩村藩の老臣に推挙された佐藤一斎は自藩の家老たちに政道の心得を記し、新藩主に提出しました。それが「重職心得箇条」です。乗美公三六歳、一斎五五歳の時のことです。

「重職心得箇条」は自藩のために佐藤一斎が記したものですが、この内容が世間に広まり、これを伝え聞いた諸藩が岩村藩まで来て、これを写させてもらったといわれています。

「重職心得箇条」は、藩の重臣のために書かれたもので、指導者の心得といっても、藩主の側近にいて藩主を補佐する役目の者に対して説いているものです。しかし、ここに書かれている内容の根本には、時代と空間を越え、政治にとどまらず、かつ役所や企業だけの組織だけでなく広く応用されるものと考えられます。

この「重職心得箇条」について、戦後政治における首相指南役といわれた安岡正篤は、昭和五二年（一九七七年）、雑誌に「重職心得箇条」の原文を載せ、別に「重職心得箇条―大臣重役道の名説―」と題し全条文を口訳し、その結びに次のような文章を書いています。

佐藤一斎が自藩（岩村藩）重役達の為に与へた重職心得箇条なるものがある。むづかしい徳川政教の大本に陽朱陰王などといはれながら、堂々と教権を握って一世を指導した達識心練の人物だけあって、実によく大臣重役たる者の心得を尽して居る。現代にも適切にして無限の教訓となるものである。　～中略～　役人ばかりではない。此の危局に際しておほよそ人に上たる者の熟読を得るならば幸甚々々。（『佐藤一斎全集第一巻』明徳出版社・二二頁）

上記に、〝徳川政教の大本に陽朱陰王などといはれながら、堂々と教権を握って〟という記述がありますが、これについて簡単に触れておきます。

江戸幕府は寛政二年（一七九〇年）に老中松平定信が行った「寛政の改革」の中で「寛政異学の禁」という学問の統制を行いました。これは、昌平坂学問所などの幕府教育機関において朱子学を正学として、それ以外の学問＝異学の講義を禁じたものです。佐藤一斎はもともと陽明学を学んでいたため、表向き（陽）は学問所では朱子学（朱）を、裏（陰）の自宅では陽明学（王）を教えていたことから陽朱陰王といわれていました。これは褒め言葉ではないものの、学問所の講義でも朱子学の学説を論じた後に朱子学と陽明学を比較する踏み込んだ話を行ったということを指し、一斎の思想的柔軟性＝学問の幅の広さを示す簡潔な呼び名といえます。事実、佐久間象山・吉田松陰へと続く道は、陰とされた陽明学でした。

第3項 いまなぜ「重職心得箇条」なのか

支店長は、支店経営に際してさまざまな決断と行動の選択を行います。その選択に際し、支店長は軸となる考え方・理念をしっかりともっていなければいけません。その軸は決してぶれることなく、哲学・思想に基づく定見・節操・原則によって支えられていなければいけません。

現在、銀行経営は西洋的な考え方である「功利とルール」「競争戦略」が中心になっているといえます。東洋的・日本の伝統的な考え方である「心と道の倫理」「義と利の思想」「王道経営」には目が向けられていないように思います。

いま、バブル経済期・バブル崩壊・低成長下のデフレ経済という過去二十数年間を振り返るとき、支店経営の決断と行動を支える価値判断の基準に道徳倫理観の欠如を感じます。道徳倫理観のない決断と行動は、邪道・覇道の経営に陥る懸念があります。現に成果主義・収益至上主義という価値尺度のもと、銀行員として必要な知識も未熟である者が数字競争に走っている姿がみられます。

内村鑑三は著書『代表的日本人』のなかで次のように書いています。「東洋思想の一つの美点は、経済と道徳を分けて考えないことである。東洋の思想家にとって、富は常に徳の結果であり……」と（内村鑑三著・稲盛和夫監訳『代表的日本人』講談社・一〇四頁より引用）。

このような考え方は、近江商人の「三方よし」、石田梅岩の「都鄙《とひ》問答」、澁澤榮一の「論語と算盤」などからも学ぶことができます。

支店長は、現在行われている成果主義・収益至上主義に疑問を感じ、真に経営を考えるとき、いま一度、東洋思想に触れ、日本の伝統的考え方を学び、自らの決断と行動の道徳倫理的な価値判断の基準を再構築することが重要であると考えます。その第一歩として、上に立つ者の心得を簡潔に記した「重職心得箇条」を採り上げました。

この「重職心得箇条」を銀行支店長向けに筆者が解説し、これを読むことで、支店長としての心得をあらためて考える機会にしていただきたいと思います。

ややもすると、銀行は銀行の職分を忘れ、支店長は支店長の職分を忘れているように思います。銀行も支店長も何かを欲しがるばかりで、やってはいけないことを学ばずにいるようです。この「重職心得箇条」を読み、先達の見識を知ることで自らを省みることも重要であると考えます。

第2章

「重職心得箇条」を読む（注）

（注）　本章の「重職心得箇条」の条文は、『佐藤一斎全集第一巻』（明徳出版社・二四一～二四四頁）より引用。

第1項

支店長として「名を正す」

第一条　重職と申すは、家国の大事を取計《りはからふ》べき職にして、此重之《の》字を取《り》失ひ転々《かろがろ》しきはあしく候。大事に油断ありては、其《の》職を得ずと申すべく候。先づ挙動言語より厚重にいたし、威厳を養ふべし。重職は君に代るべき大臣なれば、大臣重ふして百事挙るべく、物を鎮定する所ありて人心をしづむべし。斯《かく》の如くにして重職の名に叶ふべし。又小事に区々《くく》たれば、大事に手抜《てぬかり》あるもの、瑣末《さまつ》を省く時は、自然と大事抜目《ぬけめ》あるべからず。斯《く》の如くして大臣の名に叶ふべし。凡そ政事《は》名を正すより始まる。今先づ重職大臣の名を正すを本始となすのみ。

【用語】

「重職」……重大な責任のある職。

「君」……藩主のこと。

「大臣」……最高官位の執政官。

「百事」……あらゆること。万事。

【口語訳】

重職という役職は、国（藩）の政がうまくいくように考える重要なポストであり、「重職」の「重」という字を取り、単なる「職」であると軽々しく考えることはよくありません。政の重要な局面に直面したとき、注意を怠るようなことがあっては、重職とはいえません。重職に就く者は、まず立ち居振る舞いや言葉遣いに厚みと重みを感じさせ、優れた人格が自然とにじみ出るような威厳を培うことを心がけるべきです。重職は、藩主にかわって政の実務を執政する役割ですから、執政する者（大臣）がどっしり落ち着いて政にあたれば、多くのさまざまな問題は解決し、成果・実績をあげることができ、そのように行うことで、物事を治める際、民の心をつかみ、納得・理解を得て、承服させることができます。このようにすることが重職という名に当てはまり、ふさわしいと考えます。また、重要でないことにこまごまと神経をつかっていると、重要な局面で不注意から失策を招くことになります。取るに足らないような些細なことは簡略に対応するようにすることで、おのずと重要なことは見逃さず、しっかりと対応し、配慮することができます。このようにすることが執政する者としてふさわしいといえます。そもそも政治上の事柄をなすということは、職責の名に伴う守るべき本分を正しく行うことです。いま、まずは「重職」「大臣」としての本分を正しく理解して、名前にふさわしい行いをすることから始めなければいけません。

1

本書では、「家国」を「銀行」と考え、「重職」を「支店長」に置き換えて考えてみたいと思います。「重職」とは、組織において重要な責任ある地位の人ととらえます。銀行において、かつては重役と称されていた役員を重職と見立てることも考えられますが、本書では直接に部下をもち、部下の指導教育を担い、業務遂行・経営管理という支店経営の責任を負う立場である支店長を対象にして、「重職心得」を「支店長心得」として考えていきたいと思います。

また、後には「君」という言葉が出てきます。これは「藩主」を意味しますが、「家国」を「銀行」と考えるので、「君」は代表権を持つ頭取等の「経営陣」「役員」を指すことを前提に考えてまいります。

したがって、「家国の大事を取計《りはからふ》べき職」は、銀行の顔として銀行業務を遂行するうえで、重要な問題を判断し、決裁し、実行する支店経営の管理・責任を担う指導的立場にある支店長という理解に立って、「重職心得箇条」が意味することを順次考えてまいりたいと思います。

2

「此《の》重之字を取失《り》ひ転々《かろがろ》しきはあしく候」とありますが、これは「支店長」の「長」という字を軽々しく扱い、「長」の字が意味するところを忘れてはいけないということです。

「長」は、〃おさ・かしら〃という意味があり、組織・団体の最高責任者という意味です。「市長」「船長」「議長」「所長」「署長」「総長」「理事長」と同じく、「長」の字がつく支店長は〝支店の経営者〟ということです。支店長は〝プレーヤー〟ではありません。支店長は、〝役員に仕える〟という意識より、〝部下をもつ経営者〟という意識を強くもつことが大事です。

支店長職でありながら、〝あいつには任せられない〟〝俺がやったほうがうまくいく〟と考えて、部下と同じことを行っている支店長がいます。自らを「プレイングマネージャー」と称している支店長がいます。しかし、これは感心しません。

「長」である支店長には、全体をみること、問題点を解決すること、目標を指し示すこと、部下の能力を見極め育てること、等々の役割があります。プレイングマネージャーの意識から抜け出せない支店長は、このような役割を十分に果たさず、人材の育成を図るという重要な役割も怠ることになります。次の時代を担うリーダーを育てようという意識は薄いといえます。なぜならば、「俺がエースで四番だ」という意識があり、「自分は部下より早くうまく仕事ができる。部下に任せると時間がかかる、よい結果を出せるか心配～」と思っているからです。

プレイングマネージャー意識の支店長が力を発揮して頑張っている支店の業績は伸びませんし、人材は育ちません。

3

「先づ挙動言語より厚重にいたし」は、支店長は立ち居、振る舞い、態度、言葉遣い、身なりなどに気を配らなければいけないということです。

「厚重」という言葉は広辞苑に載っていません。しかし、「厚」は〝心がこもっている、ゆたかにする〟、「重」は〝重々しい、重んじる〟という意味があることから、その字面からも意味はなんとなくわかります。

「厚重」という言葉は、中国の明時代の儒学者・呂新吾《ろしんご》が著した「呻吟語《しんぎん》」で使われています。「呻吟語」については、大塩平八郎（大塩中斎）が佐藤一斎に宛てた手紙で「熟読玩味すれば、道其れ在らざらんや、恍然として覚《さと》れること有るが如く～」（『日本思想体系46　佐藤一斎　大塩中斎』岩波書店・五六一頁掲載「一斎佐藤氏に寄する書」より抜粋）と紹介されています。

その「厚重」という言葉は「呻吟語《しんぎん》」の中で、人物の優れた順番について記した記述の中にみることができます。

呂新吾は、「深沈厚重《しんちんこうじゅう》なるはこれ第一等の資質。磊落豪雄《らいらくごうゆう》なるはこれ第二等の資質。聡明才弁《そうめいさいべん》なるはこれ第三等の資質」（呂新吾・守屋洋（訳）『新訳呻吟語』PHP研究所・一四頁）と書いています。

「深沈厚重」は、懐の深さと重厚さを備え、内面には能力と徳を秘めている人物像、「磊落豪雄」は仕事はばりばりこなすが脇が甘いので相手に付け込まれるおそれあり、「聡明才弁」はなまじ頭がよく、才気にあふれているが何をやらかすかわからない危うさをもつため、信頼性に欠ける人物という意味です。

世間では、聡明で弁が立つ人や、豪放磊落の人を評価してしまいがちですが、呂新吾は目立たない深沈厚重の者を第一級の人物としています。才気走って弁が立つ人は信用がおけない、頭のよさをひけらかす人は胡散臭い、豪放磊落の人は危なっかしいということなのでしょうか。深沈厚重の者は、また会いたくなるような厚みのある人間的な温かさで人をひきつけ、どっしりと重みのある発言は人を安心させるということかと思います。

ついでに、ダメな人物（大臣六等級）として書かれているのは、「事なかれ安全第一で利害なし」「保身を旨として何もせぬ」「私利私欲を恣《ほしいまま》にし情に任せる」「自らの権勢・野望のためには手段を選ばず天下国家を乱す」ということが記されています。

銀行の人事評価は、呂新吾の人物学とは無縁のところで、数字による目標管理が中心になっていますが、はたして銀行の信用と信頼の柱になる人物像はどのような人物であるべきか、これを機に考えてみることも必要かと思います。

4 「威厳を養ふべし」ということも正しく理解しなければいけません。「威厳」という言葉の意味と、「養う」ということの意味を考える必要があります。

なぜならば、威厳の意味を履き違えていると思われる支店長が数多くいるからです。それは、部下に対して怒ったり、威張ったりして、威厳を振る舞おうとする人のことです。支店長が威張れば、部下は尊敬するそぶりをみせるかもしれませんが、それはうわべだけであることくらいわかると思います。支店長が、部下に対して威圧する・威嚇する・威張ることで威厳を感じさせることはできません。それは逆効果です。威厳をもたらすかと思って行った行為・発言は自ら墓穴を掘り、威厳を失うほうに作用します。

支店長としての威厳はどのようなことでしょうか。思いつくことを箇条書きにしてみます。

・威厳のある人は寛容で優しい。
・威厳のある人は、穏やかでゆったりと構えている。
・怒る人、気むずかしい人、おしゃべりな人、落ち着きがない人には威厳がない。
・狭量な人、許さない人、譲らない人、細かいことをいう人、しつこい人には威厳がない。
・威厳のない人は、相手より上に立とうとする。
・他人を悪くいう人に威厳はない。
・論評するだけ、自ら実行しない人は威厳がない。

こうして書き上げてみると、「威厳」とは先に書いた「深沈厚重」という言葉がぴったりと当てはまるように考えますが、あなたはどのように思いますか。

そしてまた、「威厳」は、自らがそれを意識してみせることではなく、人格として備わっていることを他人が尊敬し感じることである、ということがわかります。すなわち、「威厳」とは、ある場面や状況でみせるもの、つくるものではないということです。それは人格形成において培われてきたことが現れるということです。佐藤一斎が「養う」という言葉を使ったのは、人間として成長する過程において、徐々につくりあげることが大事であるという意味と、そのような人格を保つという意味があると考えます。

論語の中に、「子温而厲、威而不猛、恭而安」（子は温《おん》にして厲《はげ》し、威《い》にして猛《たけ》からず、恭《きょう》にして安《やす》し）という言葉があります。その意味は、「孔子は穏やかで温和な雰囲気をもっていながらも、相手のためになることは厳しいこともはっきりという。立ち振る舞いに威厳がありながらも、人を威圧することはない。そして謙虚に学ぶ姿勢をもち続け、心はいつも安らかである」ということです。ここでの威厳とは、信頼感と安心感を与える人格者の態度ということではないでしょうか。

安岡正篤は、「威厳を養ふべし」については、「威厳を取ってつけたような威厳ではなくて、そこから自然に出てくるような威厳でなければいけない」といっています。（安岡正篤『佐藤一斎「重職心得箇条」を読む』致知出版社・二八頁）

5

「重職は君に代るべき大臣なれば、大臣重ふして百事挙るべく」の口語訳を、銀行組織で考えるならば、「支店長は、役員にかわってどっしり落ち着いて業務を行えば、問題は解決し、成果・実績をあげることができる」となります。

ここでもう少し深読みしてみたいと思います。「重職は君に代るべき大臣なれば」というところを二つの視点で解釈してみてはいかがでしょうか。

一つは、支店長は役員になったつもりで仕事をしなさいということです。部下の教育に際しても、係員には係長になったつもりで、課長には次長になったつもりで、副支店長は支店長になったつもりでというように、現在の自分のポジションよりワンランク上の立場で物事を考えさせていることを、支店長も自ら行うべきと考えます。

しかしながら、自分で決断できない支店長は、支店長の専決権限の範囲であっても役員にお伺いを立てる、役員の指示を仰ぐ人がいます。また、取引先への謝罪、あるいは融資できないので断わりに行く場面で、本来、支店長が行くことで治まるのに、必要以上に役員に出馬してもらう人がいます。これでは「重職は君に代るべき大臣」とはいえません。

もう一つは、部下に「うちの支店長なら大丈夫だ」と思ってもらえるような存在になるべきということです。どんな事態が起きても、「うちの支店長はいつでも役員のかわりが務まる人だから大丈夫」というような意識を部下にもってもらえる支店経営者でなければいけません。

しかし、「うちの支店長は何を言い出すかわからない」「支店長一人で大丈夫かな」と部下に思われている支店長がいます。部下から尊敬されないどころか、信用されていない支店長では、これも「重職は君に代るべき大臣」とはいえません。

役員が当該支店の経営を安心して任せられる支店長、部下から尊敬され、安心して業務遂行ができる雰囲気をつくることができる支店長でなければ百事（あらゆること）に成果は期待できません。

6　「物を鎮定する所ありて人心をしづむべし」の口語訳は、「物事を治める際、民の心をつかみ、納得・理解を得て、承服させることができます」と書きました。

わかりやすくいえば、「この支店長がいれば、この支店は大丈夫」とことさらにいわなくても、いろいろな問題もうまく治まるし、部下も安心し、支店の雰囲気も自然とよくなるということです。部下が支店長に従おうと思う条件で大事なことは、信頼感の有無です。支店長が信頼感を生み出すには、人格的魅力とぶれない決断力の二つが必要かと思います。すなわち、支店長が支店長職をまっとうに行っていれば、部下は納得して支店長についていくということですから、支店長というポストに恥じない行動をすることが求められています。

7　「斯《かく》の如くにして重職の名に叶ふべし」と、その後にある「斯の如くにして大臣の名に叶ふべし」は、前述（2～6）のことをしっかりと行うことが、支店長という肩書きにふさわしいと考えられるということです。

佐藤一斎著の「言志晩録」第八九条に次のような言葉があります。

宜しく自ら其の名を顧みて以て其の実《じつ》を責め、其の職を務めて以て其の名に副《そ》うべし。

（『言志四録（三）』講談社学術文庫・一一六頁）

すなわち、支店長は自分の職名を顧みることによって、職務に関わる権限と責任を果たしているかを自問し、その職務を全うすることによって支店長の名の期待に適うようにしなければいけないということです。

8

「小事に区々《くく》たれば、大事に手抜《てぬかり》あるもの、瑣末《さまつ》を省く時は、自然と大事抜目《ぬけめ》あるべからず」は、支店長がこまごましたことを突っついたり、枝葉末節なことにこだわっていると、大局観に欠け、大事なことを見逃します～と注意しています。「瑣末」とは取るに足らないような些細なことを指し、そのようなことは省くなり、部下に任せ、簡略に対応すれば、重要な問題は抜け目なく対応できるといっております。要するに、省くべきことは省いて、大事なことを優先して扱うべきということと思います。

要するに、支店長はどうでもよいことをぐだぐだいったり、細かいところまで指示命令を出して、部下を煩わせ、撹乱させてはいけないということです。

9

「凡そ政事名《は》を正すより始まる。今先づ重職大臣の名を正すを本始となすのみ」の文章では、「名を正す」ということを理解することが大事です。

「名」とは大義名分について語るときの〝与えられた役割〟ということです。「正す」は、本来の役割から逸脱しているとき、それを本来の役割に戻すという意味です。すなわち、「名を正す」とは、「立場をわきまえる」ことを前提にして「職務としてやるべきことをやる」ということです。

「論語」（子路第一三の三）には、孔子と子路が「名を正す」ことについて交わした有名な会話があります。

子路曰、衛君待子而為政、子将奚先、子曰、必也正名乎（子路曰く、衛《えい》の君、子を待ちて政《まつりごと》を為さば、子将《まさ》に奚《なに》をか先にせん。子曰く、必ずや名を正さんか）

孔子が弟子の子路から、「衛の国の君子が先生（子は孔子を指す）をお迎えして政治を任せることになれば、先生はまず何から先になさいますか」と問われたとき、孔子は「名を正す（名と実を一致させる）」といったということです。この話（論語）はまだ続きます。これを聞いた子路は「これだから先生は世間知らずといわれるのですよ。乱れた衛の国を治めるために最初に行うことが〝名を正す〟ことなのですか⁉　もっと別な方法が何かあるでしょう」と師である孔子を小ばかにしたのです。

すると、孔子は次のように子路を諭します。「お前は相変わらずがさつ者だね。いいか、君子は自分の知らないことは黙っているものだ。名と実が一致していないと、人の言葉は正しく理解されない。言葉が正しく理解されないと、何事もうまくいかない。何事もできなくなれば礼儀と音楽という文化が盛んにならない。文化が盛んにならないと刑罰が公正でなくなる。刑罰が公正でなければ、人々の心は不安になる。だから、人格者は名を正すことが大事だ。すなわち、名をもって正しいことを筋を通して話し、いったことは必ず実行しなければいけない。君子というものは、自分が発した言葉がいい加減なものであったり、軽々しく発言をしてはいけないのだ」といいました。

「名は体を表す」ということですから、名分（道徳上、職分に伴って必ず守るべき本分）が本物でなければいけないということです。支店長という名の本分とは何かをじっくり考えてみる必要があります。

「名を正すより始まる」「名を正すを本始となす」と書いていることからも、いかに「名を正す」ことが重要であるか察することができます。すなわち、支店長は〝自らの職分は何か〟としっかりとわきまえることが大事であるということです。

支店長は、「名朽つ」「名に背く」「名を折る」「名を汚す」ようなことを行ってはいけません。支店長は、「名を揚げる」「名を得る」「名を立てる」「名を保つ」「名を遂げる」「名を成す」「名を馳せる」ように努めるべきです。

第2項

部下の意見を聞く

第二条　大臣の心得は、先づ諸有司の了簡《りょうけん》を尽さしめて、是を公平に裁決する所、其《の》職なるべし。もし有司の了簡より一層能き了簡有りとも、さして害なき事は、有司の議を用《ひ》るにしかず。有司を引《き》立て、気乗り能《よ》き様《よう》に駆使する事、要務にて候。又些少《さしょう》の過失に目つきて、人を容れ用《ひ》る事ならねば、取るべき人は一人も無《き》レ之様になるべし。功を以て過《ち》を補はしむる事可《か》也。又賢才と云ふ程のものは無くても、其《の》藩だけの相応のものは有るべし。人々に択《よ》り嫌《きらひ》なく、愛憎の私心を去《つ》て用ゆべし。自分流儀のもの計《ばかり》を取るは、水へ水をさす類にて、塩梅《あんばい》を調和するに非ず。平生嫌ひなる人を能く用《ゆ》ると云ふ事こと手際《てぎわ》なり。此《の》工夫あるべし。

【用語】

「有司」……役人のこと。

「了簡」……「料簡」「了見」とも書く。考えをめぐらすこと。思案。
「塩梅」……塩と梅酢で調味すること。転じて、程よく処理すること。

【口語訳】

執政する者としてわきまえておくべきことは、まず部下である役人たちの意見・考えをすべて出させ、十分に議論させ、その後に私情を入れず、えこひいきすることなく、理非を見極めて結論を申し渡すことが、重職の役割です。もし、部下の意見より自らの考え方が優れていると思うときがあっても、特段に問題が生じないような場合は、部下の意見を採用するほうがよい。部下の意見に目をかけて、それを採用することで、部下を意気に感じさせ、やる気を出すようにして、部下を使うことが、重職としての大切な務めです。取るに足らないような失敗に目くじらを立てて、許せないという使い方をすると、周りには役に立つ部下はいなくなってしまいます。部下に対しては、以前の手柄や成功したときのことを覚えておき、失敗しても以前の功績をもって穴埋めしてあげるようにしたらよい。また、格別に優れた才能と知識をもつ部下がいなくても、必ず、その藩に見合う適才なる人材はいるものです。重職の地位にある者は、人と交わるとき好き嫌いを表に出してはいけません。好き嫌いという感情を自らの意識から捨て去り、分け隔てなく部下を使うように心がけることです。自分のやり方に同調する部下ばかりを取り立てることは、水に水をさすようなもので、程よい味付けを調整することができないように、よい結論を導くことはできません。普段、よく思っていない人の意見を聞き、それを用いることこそ、重職の手腕といえます。いろいろなことを考えて、よりよい方法を見つけるよう努めてください。

1

「大臣の心得は、先づ諸有司の了簡《りようけん》を尽さしめて、是を公平に裁決する所、其《の》職なるべし」を、支店長の心得として書き改めると、支店長は部下の意見や考え方をよく聞き、議論を十分に尽くさせてから公平に決断することが大事であるということです。

会議・打合せのとき、支店長が最初に結論めいたことをいったり、部下の意見に強く反論したり、自分が欲する結論に誘導したり、正論をさえぎるように口を挟んではいけないということです。会議は、参加者が意見を述べ議論する場です。部下が支店長の意見を拝聴する場ではありません。支店長は、部下の意見をどれだけ引き出すことができるのかが問われるのです。

部下が支店長に対していいたいことがいえないような支店は健全な組織とはいえません。支店長はどんなに忙しくても、どんなに疲れているときでも、また心に余裕がないときでも、部下の意見に耳を傾けなければいけません。

会議等の席上、支店長が「お前はそんなことをいう資格があるのか」とか、「お前が俺に意見するのか」というように、部下を見下す態度を出し、議論に参加できないようにする言い方は絶対にいけません。また、部下を色眼鏡でみて、「あいつはダメだ」「こいつは頭がいいから」「彼は素直だからいうことを聞く」と決めつけることはよくありません。

支店長は、自分の意見を述べることより、まずは部下の意見を聞くことが大事です。傾聴の姿勢が大事です。支店長が自らの意見を早い段階で述べれば、部下の多くは沈黙します。支店長の言い方が威圧的であれば、部下は自らの意見をいえなくなります。部下が意見をいわないというのは、部下の才能や能力の問題ではなく、その口を封じ込めてしまう雰囲気があるからなのです。

会議において支店長が心することは、まずは黙って部下の意見を聞くことです。その際、聞く態度に気をつけなければいけません。部下に対して、〝しっかり聞いているよ〟という姿勢をみせることが大事です。そこで支店長に意識してほしいことは、相槌を打ち、発言している部下に目線を向けることです。相槌の打ち方によっては、その意見に対する支店長の賛否の心がわかってしまいますので、目線が強くにらみつけるようであったりしてはいけません。また〝支店長は公平に意見を聞いていない〟と、部下に思われるような態度をとってはいけません。部下は会議の場における支店長の聞く態度をみています。支店長の目つきや顔つきで支店長の心の反応がある程度わかります。そうしたことは、支店長であるあなたも、過去にそうした経験をしてきているのでわかるはずです。

議論を尽くした後、支店長は公正に判断を行い結論を出すことが求められています。支店長の思惑や先入観が入り、心が曇っていては公正さが保たれません。また、かわいい部下をひいきしたり、その場の空気に従って決めるようであってもいけません。

支店長が結論を導き出すとき大事なことは、まず事実と意見を分けて考えることです。次に、出された意見については発言者の思惑や真意がどこにあるのかということと、その意見の正当性を見極めることが大事です。その見極める尺度は、〝儲かるか儲からないか〟〝目標数値達成に寄与するかしないか〟ではなく、〝コンプライアンスに抵触しないか〟が重要なポイントであり、〝正しいか正しくないか〟〝人として恥ずかしくない行為か〟〝銀行の信用・信頼を落とすことにならないか〟という視点で考えなければいけません。

2

「もし有司の了簡より一層能き了簡有りとも、さして害なき事は、有司の議を用《ひ》るにしかず」は、「もし、部下の意見より自らの考え方が優れていると思うときがあっても、特段に問題が生じないような場合は、部下の意見を採用するほうがよい」ということです。

ここで気になることは、「さして害なき事」とはどういうことなのかと、支店長であれば思うことでしょう。「害」というリスクは何か?～と深く考える必要はありません。〝不良債権になり実損が生じるリスクが高い〟ことは論外ですが、〝どっちに転んでも結果に大差はない〟あるいは〝論理的に考えたとき大筋で間違いがなければ〟という程度の認識でかまわないと思います。

支店長の判断が完璧であるとは限りません。人はだれでも失敗するという不可避性を承知のうえ、責任は支店長である自分がとるという覚悟をもてば、この文章が意味することは実行できると思います。

支店長は、部下の育成という観点からも、部下にいろいろ経験させることが大事です。部下は自分の意見が採用され、その結果もうまくいけば自信につながるし、それが失敗してもそこから学ぶことは多いと思います。部下が自分の考えによって業務遂行を行った結果、何を学び取るか、そしてその責任をどのように感じるのかということからも、この文章が意味することは大きいと思います。

3 「有司を引《き》立て、気乗り能《よ》き様《よう》に駆使する事、要務にて候」は、部下の意見を採用し、部下にやる気を出させて使うことが大事ということです。「要務」という言葉を使っていることは、これが支店長の「大切な務め」ということになります。これは部下のモチベーションアップについての文章といえます。

心理学では、モチベーションを高める方法は二種類あるといわれています。一つは「外発的動機づけ」というもので、給料・賞与、昇進・昇格、表彰・評価というご褒美（飴）によってやる気を高める方法です。もう一つは、「内発的動機づけ」といい、仕事そのものに興味をもち、自ら〝やりたい〟と思うことです。

部下は、支店長から理不尽な命令をされると自律性が失われる傾向があります。支店長から無理な命令を押し付けられ、納得しない指示・命令に従おうとするのは、内発的動機づけではないため本気度はみられず、表面的な振る舞いであるといえます。

一斎の上記文章は、モチベーションを考えるうえで大事な、〝部下に内発的動機づけをもたせる〟ことを書いています。部下の意見を採用することは、部下が自発的に仕事を行うことにつながり、部下はやる気が出てきます。

4

「又些少《さしょう》の過失に目つきて、人を容れ用《ひ》る事ならねば、取るべき人は一人も無《き》レ之様になるべし」は、小さな失敗に目がいき、そのことでその人の意見を聞かなくなったり、その人を用いないようにすると、用いるべき人材は一人もいなくなってしまうといっています。

部下が失敗したり、期待どおり・思ったとおりの成果を出せなかったからといって、感情的に怒り、叱り飛ばすことはよくありません。失敗した理由を探し、その経験から何を学び取るかを、部下とともに考えることが大事です。取組み方に大きな間違いがないならば、失敗の原因を正すことで、「次は頑張ろう」「今度は期待するよ」という声をかけてほしいものです。そうすれば、部下は支店長の度量に敬服し、次は「よしやるぞ！」という気持ちになるはずです。

支店長には、部下が失敗しても再挑戦する気持ちの芽まで摘まないように、また心に深い傷を負わせないように、声かけする際の気配り・心配りをする優しさがほしいものです。

5

「功を以て過《ち》を補はしむる事可《か》也」は、失敗した部下に対しては、以前の功績をもって失敗の穴埋めにすればよい～ということです。

一つの失敗をみて「こいつはダメな奴だ」「あいつはできない奴だ」と決めつけてはいけません。失敗した部下の過去の功績を思い出し、失敗の穴埋めをすればよいという考え方がここに示されています。

この考え方は、スティーブン・R・コヴィー著の『7つの習慣（初版）』（キングベアー出版）のなかで記されている「信頼残高という名の財産」という考え方に似ています。

コヴィーは同著で次のように書いています。

> 銀行口座がどういうものであるかは、誰でも知っているだろう。口座にお金を預け入れることで貯えができ、必要に応じてそこから引き出すことができる。それと同じように、信頼口座つまり信頼残高とは、ある関係において築かれた信頼のレベルを表わす比喩的表現であり、言い換えれば、その人に接する安心感ともいえるだろう。
>
> 礼儀正しい行動、親切、正直、約束を守るなどの行動を通して信頼残高をつくっていけば、そこに貯えができる。残高を高めることによって、必要とあらば、その信頼を何度でも頼りにすることができる。些細な間違いを犯しても、信頼のレベルや精神的な貯えがそ

れを補ってくれる。（同書二七〇頁）

そして、コヴィーは信頼残高を増やすための預入れについて、大切なこととして次の六つをあげています。

①　相手を理解する。

②　小さなことを大切にする。

③　約束を守る。

④　期待を明確にする。

⑤　誠実さを示す。

⑥　引出しをしてしまったときは、誠意をもって謝る。

支店長と部下との関係は相互依存状態といえます。相互依存関係において、この信頼残高はお互いにとって意義があり、かつ貢献するものと考えられます。部下に、この信頼残高を積ませると同時に、支店長自身も自らの信頼残高を増やす努力が必要であると思います。

6

「又賢才と云ふ程のものは無くても、其藩《の》だけの相応のものは有るべし」は、賢才といわれる部下がいなくても、その藩に見合う適才をもった人材はいるといっています。

支店長のなかに、部下をみたとき、〝うちには優秀な人材がいない〟〝業績を伸ばすためには人の入替え（異動・交代）が必要だ〟と考える人がいます。そのようなことを安直に考える支店長に次のように問いたいと思います。「あなたは支店長として行内で賢才といわれる程の逸材だと思っているのですか？」と。自分の能力を棚に上げて、〝優秀な部下がいない〟という支店長は賢才とはいえません。才知ある経営者であれば、同じ支店にいる部下は経営の与件として受け止め、その人材のレベルに不満があるならば、自ら人材育成を図ることによりレベルアップさせ、支店というチーム力をいまより高め、そして最大限の力を発揮させるようにすることが経営手腕でありマネジメント力であると考えなければいけません。

支店長が、〝優秀な部下がいない〟と考えることは間違っています。優秀な部下がいないのではなく、部下は才能を出していない（本人の問題）・部下の才能を引き出せていない（上司の責任）と考え、才能を出させ・才能を伸ばすためには何をしなければいけないのかを考え、具体策を実行することが支店長の責務です。

そもそも賢才とはどのような人材のことをいうのでしょうか。最高学府を最高の成績で出た人のことでしょうか。そのような人は財務省か金融庁か日本銀行にはいるかもしれませんが、当行には何人もいないと思います。そもそも賢才か否かを学歴で決めることが間違っています。支店長が、賢才あるいは優秀な部下という人は、結局は支店長が業績アップを図るために役立つという意味で都合がよい人という意味ではないでしょうか。具体的には、実務に精通している人、業績目標達成のためにがむしゃらに頑張ってくれる人、指示・命令に忠実で反対意見をいわない人、過去の経歴で実績を伸ばして評価が高い人、等々を望んでいるのではないでしょうか。

どの支店にも、すべてに優秀といえる人は少ないかもしれませんが、それぞれの分野で然るべきレベルの部下は必ずいるはずです。現時点で優秀とはいえない部下であっても、支店長が教育・指導することで満足水準のレベルに引き上げることが支店長の役割です。支店長の経営者としての役割は、業績伸展だけではなく人材育成も重要な役目であることを忘れてはいけません。

7

「人々に択《よ》り嫌《きらひ》なく、愛憎の私心を去《つ》て用ゆべし」は、いうまでもなく、好き嫌いであるとか、かわいい・憎たらしいという感情を捨てて、部下を使いなさいということです。

佐藤一斎「言志録」には次の言葉があります。

愛悪《あいお》の念頭《ねんとう》、最も藻鑑《そうかん》を累《わずら》わす

これは、〝好き嫌いの考えが頭にあると、これがいちばん、人物鑑定に間違いを起こすもとになる〟ということです（『言志四録（一）』講談社学術文庫・六五頁）。

「藻鑑」は「品藻鑑識」の略で、人品や物の良し悪しを鑑別し鑑定するという意味です。

支店長は、だれだれを好きでだれだれが嫌いということが部下に知られる、あるいは疑われるようではいけません。すべての部下は支店長の一挙手一投足をみています。支店長も人間ですから、異性を意識したり、好き嫌いの感情があることは自然です。しかし、経営者として、部下を好き嫌いでみることは支店長として失格です。まして、それはセクハラやパワハラに及ぶことは論外です。そのような感情が湧き出たとき、支店長は理性でこれを抑えることが賢明かと思います。支店長は部下に対して常に公明正大に接するべきです。

「坊主憎けりゃ袈裟まで憎い」という言葉があります。嫌いな奴がいった意見は、中身が正論でもっともであっても、採り上げないというのでは経営者としての度量・力量が問われます。

支店長は、所謂《いわゆる》「取り巻き」といわれる人を自分の周りに（近くに）置くようなことをしてはいけません。自分が行う経営に自信がない支店長は、自分を持ち上げてくれる人や応援してくれる人に期待をするようになりがちです。特定の人に意見を聞いたり、アフターファイブの付合いにおいて「仲良しクラブ」をつくってはいけません。

8

「自分流儀のもの計《ばかり》を取るは、水へ水をさす類にて、塩梅《あんばい》を調和するに非ず」は、自分と同じ考え方の人の話ばかりを聞くことは、水に水をさすようなもので、料理の味付けができない、よい味を出すことができないことと同じように、よい結論を導くことはできないといっています。

上に立つ者の感情としては、自らの意見に反対されるより、賛成してくれる意見のほうがありがたく、気分もよいことはだれもがそうであると思います。しかし、それではイエスマンを周りに置くだけで、組織経営として新たな進歩はありません。

武田信玄の一代記といわれている「甲陽軍鑑」という本に次の言葉があります。現代風に書けば、「国持大将、人を使うに、一向きの侍を好き候て、その崇敬する者共、同じ行儀・作法の人ばかり、念比《ねんごろ》して召し使う事、信玄は大いに嫌いたり」

「一向きの侍」とは、自分と同じ方向を向いている家臣のことで、自分のことを崇敬し、しかも同じような行儀・作法をする者を自分の周りに置きたくないという意味で、要するに「イエスマンばかりで周りを固めたくない」ということです。

上に立つと、下からあまり苦言をいわれたくないと考えがちで、どうしても、反対意見をいう者を遠ざけてしまいがちですが、武田信玄は寵臣《ちょうしん》に取りかこまれた大名が没落していったことをよく知っていたことから、諫言《かんげん》がいえる、すなわち、自分を諫《いさ》めてくれる家臣を側に置くよう心がけていたのです。

支店長の心得としても参考になる話であると思います。

ここで「塩梅」という言葉について触れておきます。もともとは「えんばい」と読み、調味料としての塩と梅酢のことでしたが、味加減を調える意味として「塩梅がよい」と使われるようになりました。

お汁粉をおいしく味付けするためには、砂糖ばかり入れても本当の甘さは出ません。適当な塩を入れると本当の甘さが引き立ちます。砂糖と塩の「塩梅」が重要なポイントであり、この場合、砂糖は〝自分に同調する意見〟であり、塩は〝自分の意見に疑義を唱え、反論する意見〟といえると思います。そうした議論があって、皆が納得するよりよい結論が導かれるということです。

文章で、「水へ水をさす」という表現は、水＋水＝水であって、支店長が自分の意見に同調する部下ばかりを取り立てても、自分の意見をチェックする機能が組織として働いていないことになります。そこに、善悪・良否という視点での意見はみられません。

「平生嫌ひなる人を能く用《ゆ》ると云ふ事こと手際《てぎわ》なり。此《の》工夫あるべし」は、普段は嫌いと思っている人の意見を聞き、それを採用する度量こそが経営者としての手腕であるといい、そのように行う工夫をしてくださいといっています。

9

銀行に限らず、組織の中で議論するとき、「意見の内容より、だれがいったか」が重視されることが往々にしてあります。嫌いな部下が正論を述べると、正論であることがわかっていてもその意見を素直に認めず、逆にかわいがっている部下がピント外れの意見を述べると、擁護して助け舟を出したり無理して理解するような発言をする支店長がいます。しかし、それはいけません。支店長は、性格的にあわず嫌いな感情をもつ部下がいても、それを仕事の場に持ち込むようなことをしてはいけません。

「論語」に次のような言葉があります。

君子不以言挙人、不以人廃言（君子は言を以って人を挙げず、人を以って言を廃せず）

この意味は、〝君子は、いうことが立派だからといって、すぐにその人を用いることはしない。またそれをいった人がよくない人だからといって、言葉を捨てるようなこと（＝いうことを聞かないということ）はしない〟ということです。すなわち、君子は、人物は人物として、言葉は言葉として、公平に判断するということです。そこに好き嫌いを持ち込んではいけません。

支店長がいった意見を素晴らしいと褒め称え、賛成意見をとうとうと語る部下がいますが、その人が誠実に立派な仕事を行うとは限りません。口先だけのゴマすり人物かもしれません。一方、気に入らない部下の意見を頭ごなしに否定したくなりますが、それが優れた意見であることがあります。

支店長は、人物の好き嫌いで先入観をもつのではなく、だれがいったにしろ、発言の内容をよく検討することが大事です。ついつい、気に入っている人の意見を採り上げてしまいがちですが、注意すべきです。

もう一つ、中国の古典「説苑《ぜいえん》」にある言葉を紹介します。

> 命に従って君を利する、これを順と謂ふ。命に従って君を病ましむる、これを諛《ゆ》と謂ふ。命に逆《さか》らひ君を利する、これを忠と謂ふ。命に逆らひ君を病ましむる、これを乱と謂ふ。君過《あやまち》あるも諫諍《かんそう》せざるは、将《まさ》に国を危うして、社稷《しゃしょく》を殞《おと》さんとするなり。（高木友之

助『説苑』明徳出版社・六六頁）

この文章は、「主君の命令に従って君主のためになるようにすることを従順という。主君の命令のとおりにするだけで、主君のためにと考えず、かえってそのために主君の憂患となるようなことをするのをへつらい（＝諛）という。主君の命令に逆らっても主君のためになるようにするのを忠という。主君の命令に逆らいしかも主君の憂患となるようなことをするのを乱という。主君に過失があってもこれを強く諫めようとしないのは国家を危機にさらし滅亡させようとするものである」という意味です。

原文は、支店長は部下を好き嫌いで用いてはいけないことを示唆する内容ですが、翻って、支店長としても経営側・役員のいうことに同調するゴマすりであってはいけないということで、「説苑」に記されているように、大事なことは「順」や「諛」ではなく、本部の命令に逆らってでも、銀行のため、顧客のためになる「忠」を実践することが重要であるという教えです。

第3項

経営理念を守り、「常識」を見直す

第三条　家々に祖先の法あり。取失ふべからず。又仕来仕癖《しきたりくせ》の習《ならい》あり。是は時に従って変易《へんえき》あるべし。兎角《とかく》目の付ヶ方間違ふて、家法を古式と心得て除《の》け置き、仕来仕癖《りせ》を家法家格など、心得て守株《しゅしゅ》せり。時世に連れて動《か》すべきを動かさざれば、大勢立《たいせいた》ぬものなり。

【用語】

「仕来仕癖」……昔からしてきたこと。慣習。

「変易」……変える、また変わること。

「易」の三義（「簡易」「変易」「不易」）の一つ。「易経」では、「窮まれば変じ、変ずれば通じ、通ずれば久し」といい、極限からの解放（簡易）、そして動（変易）、さらに動がきわまりて静（不易）へと常にめぐるという。

「守株《しゅしゅ》」……「韓非子」に出てくる言葉。愚かな農夫が、切り株にぶつかって死んだウサギを得たことから、その後も切り株にウサギがぶつかるのを待った。この話がもとになって、愚かな習慣にとらわれて臨機応変の対応ができないことを「守株」という。

【口語訳】

それぞれの家には祖先から続く家訓といわれるものがあります。これを忘れ、失うようなことがあってはいけません。また、昔からの慣習もあります。これは時代の流れにあわせて変えなければいけません。ややもすると、その原理原則をとり間違えて、守るべき家訓は古臭いものとして粗末に扱い、慣習を家の掟・格式と考え、やみくもに守っている人がいます。時代の流れにあわせて、見直すべきことがあれば、それを見直さなければ、時代の大きな流れにのみ込まれてしまいます。

1

「家々に祖先の法あり。取失《とりうしな》ふべからず」は、重職にある者は、〝家々にある祖先の法（＝家法）〟、所謂「家訓」を忘れてはいけないといっています。

家訓とは、家父・家長が子孫や家臣に与えた訓戒のことです。ここでいう家訓とは、藩主が家臣に与えた訓戒のことです。家訓といわれるものは公家や武家においては平安・鎌倉時代からありましたが、商家の家訓というものは江戸時代につくられたといわれています。

ここでは、大丸の業祖である下村家の有名な家訓を二つ紹介しておきます（荒田弘司『商いの原点』すばる社より引用）。

「律儀程身の為能き事は無之候
人はあほうと申候共何と申候共かまひなく
律儀成るほど能き人はなし　聖賢皆律儀を第一と被成候事」
～正直・実直であることほど、商人の立身のためにふさわしいことはない。他人が「あいつはあほうだ」と言おうが、何と言われようが、まったく気にしないで正直・実直を貫く人こそが、商家の主人にふさわしい人物である。聖賢たちも皆「正直・実直こそがもっとも重要だ」と言っているではないか。（同書四四頁）

「義を先にして利を後にする者は栄える」
～正義を優先し、利益を後回しにする者は栄える。（同書五〇頁）

銀行は近代社会になってできた組織なので、「家訓」にかわるものとして経営理念をもち、現在は多くの銀行でホームページにそれを掲げています。地方銀行のホームページをみると、理念として掲げる内容の共通点は、およそ次の三点であることに気づきます。それは「地域社会のために」「お客様のために」「健全な経営」の三点です。そこに、「利益の極大化を図る」という理念は掲げられていません。

支店長が支店経営を語るとき、本部から与えられた収益目標を達成すること、あるいは株主利益の最大化が重要という主張をいう人がいます。この議論を頭から否定することはしませんが、いつの時代にあっても、銀行は信用と信頼という基盤に立ち、お客様のためになる業務を行うことが本来の使命であることを忘れてはいけません。

銀行はバブル期に収益追求のために貸出業務の原則を忘れた無謀な貸出を行い、多額の不良債権をつくりました。それにより破綻した銀行、公的資金の導入が必要になった銀行等、経営に大きな傷を負っただけでなく、社会的信用を大きく落とした事実を忘れてはいけません。

その意味でも、支店長は支店経営に際し自行の経営理念を忘れ、道徳倫理観を欠いてまでして収益増強を図ることに走ってはいけません。支店長は経営理念を念頭に置き支店運営の基本方針を立てなければいけません。そして、日々の業務遂行において、その考え方・精神を部下に説く役目があることも忘れてはいけません。

2

「又仕来《しきたり》仕癖《くせ》の習《ならい》あり。是は時に従《つ》て変易《へんえき》あるべし」は、守るべき家訓とは別に、しきたり・慣習は時代に応じて変える必要があるといっています。

銀行におけるしきたりはマニュアル・規程、慣習は実務上の仕事の進め方（稟議書や伝票等の書き方）といえます。それは時代の流れによって、時代にそぐわないこと・時代にあわなくなったことは変えていかなければいけません。また、金融行政による法令等の変更、行内規程の改正、マニュアル変更、あるいはシステム・通信技術の進歩による合理化・効率化、等々によってしきたり・慣習は然るべく変えなければいけません。

これとは別に、時代の流れとは関係なく、変えるべき悪しき慣習もあります。それは、行内で往々にして「常識」といわれている仕事のやり方です。

かつて「歩積み・両建て」という慣習がありました。商手割引や貸出を実行するとき、貸出金の一部を預金として預けさせる慣習です。しかし、これは債務者にとって借入金額の全額が使えない、かつ表面金利を上回る実質金利負担につながること、また銀行が実質収益アップを図る行為であると批判され、自粛措置の対象とされました。

「歩積み・両建て」という慣習は実態的には姿を消しましたが、現在は「早割り・早貸し」「貸込み」という収益を稼ぐ方法が「常識」のように行われている実態があります。経営理念に掲げられている、「お客様のためになる」「お客様の立場に立って」「高いモラル」「誠意をもって」「健全な経営」という言葉に照らし合わせてみた場合、「早割り・早貸し」「貸込み」という行為は、銀行が収益を増大させる手段という銀行本位の考え方であり恥ずかしいものと考えられます。このような悪しき慣習は、だれかから指摘される前に、自ら「変易あるべし」と考えます。

しかし、この悪しき慣習はなかなかやめられないようです。その理由は、この行為を道徳倫理的に考える以前の問題として、やめさせる立場の役員も同じことをやってきた事実があること、役員自らがやってきた行為を自己否定したうえいまさら間違っているからやめなさいと支店長に命じることができないでいること、そして何よりも収益稼ぎになるため背に腹はかえられないこと、等の理由が考えられます。

役員から指示がなくても、〝おかしいことはやめるべきだ〟と考える支店長は、他行や他店が「早割り・早貸し」「貸込み」を行っていても、部下に対してこのような恥ずかしい行為は行うべきではないと教える勇気が必要です。間違った常識と正論が対峙するとき、支店長は正論をもって経営を行わなければいけません。

ここで、銀行の慣習を「常識」と思っていることについて触れておきます。哲学者の三木清は「常識」について『哲学入門』(岩波新書)で次のように書いています。

常識というもの……、或る閉じた社会に属する人間に共通な知識を意味する。この場合、一つの社会の常識と他の社会の常識とは違い、それぞれの社会にそれぞれの常識がある。しかし他方、あらゆる人間に共通な、人類的な常識というものが考えられる。それは前の意味における常識と区別して特に「良識」と称することができる。(同書三八頁)

この意味からも、世間で受け入れられない＝良識とはいえない銀行内だけしか通用しない常識で仕事を行うことは、銀行の信用と信頼を落としかねません。銀行の常識が世間の常識と矛盾することを知るとき、また銀行の常識は世間の非常識といわれるとき、支店長は銀行の常識に対して疑念を感じるはずです。若手行員はピュアな感覚でその矛盾を感じていますが、銀行に永く勤めることで「ゆでガエル現象」に陥ったベテラン行員はその矛盾を感じなくなっているようです。支店長には、自行内で常識といわれていることを無謬のものと受容することなく、行内の常識といわれることについても良識と健全な懐疑心をもって考えたうえで、まっとうな支店経営にあたってもらいたいと思います。

筆者が研修で「早割り・早貸し」「貸込み」は〝恥ずかしい行為〟であり、これは「顧客第一」「顧客満足」を掲げる銀行の行為として正しいだろうかと話すとき、若手行員の多くはこれに疑問を感じていながらも、支店長の命令でやらざるをえないといっています。こういうアブノーマルな状況をノーマルな状態に戻すには、良識ある支店長が現場で王道経営を行うことが大事です。まさに、「是は時に従《つ》て変易《へんえき》あるべし」です。

3

「兎角《とかく》目の付ヶ方間違ふて、家法を古式と心得て除《の》け置き、仕来《り》仕癖《せ》を家法家格など、心得て守株《しゆしゆ》せり」は、守るべき家訓は古臭いと粗末に扱い、慣習は家の掟・格式であると、本末転倒な考え方の人がいるといっています。

これは、経営理念を忘れて、収益目標達成のためには、「早割り・早貸し」「貸込み」という慣習が重要であるといっているようなものです。

現場で部下に「早割り・早貸し」「貸込み」という行為を命じている支店長は、〝建前だけで収益増強は図れない〟〝かっこいい言葉をいっても目標は達成できない〟と思っているのでしょうか。そのような支店長は、経営理念は何のためにあると考えているのでしょうか。支店長は経営理念から外れるような行為でも、収益になることであればやってもかまわないという考えなのでしょうか。

経営理念は、銀行が事業を遂行する際の基本的価値観と目的意識として掲げているものです。経営理念は、銀行としての使命（ミッション）と志（ビジョン）と価値観（バリュー）を表わしたものです。さらにいえば、支店長はじめ全行員は、この経営理念を共有して業務遂行に努めなければいけないということです。それはコンプライアンスの問題でもあります。そのように考えることができない支店長は、支店長として、経営者として失格です。

支店長は自らの発言・行動が経営理念に照らし合わせて、適っているか・間違っていないかをセルフチェックするべきです。すなわち、経営理念は行内で慣習・常識といわれていることの是非を計る基本の尺度（憲法ともいえるもの）であり、これを粗末に扱ってはいけないということを理解しておかなければいけません。

ここで「守株《しゅしゅ》」という言葉が使われています。これは、「韓非子」のなかにある説話「守株待《しゅしゅたい》兎《と》」からとられた言葉です。その説話とは、「畑に切り株があり、そこにウサギがぶつかって死んだ。その獲物をもち帰って食べた農夫は、次の日から農作業をしないでウサギが切り株にぶつかるのを待った。しかし二度と切り株にぶつかるウサギはいなかった。農作業をやらず作物が実らなかった農夫は笑いものになった」という話です。

この話から、古い慣習に固執して進歩がないこと、また臨機応変に対応できないことという意味で「守株」という成句ができたそうです。

「守株」とは、決して愚かな人だけが犯すとは限りません。過去の成功体験が災いするということも「守株」といえます。人はだれでも「守株」に陥る危険性をもっています。「柳の下にもう一匹のドジョウがいる」と思う気持ちも「守株」なのです。支店長は心得るべし……です。

蛇足ですが、この説話が唱歌（童謡）「待ちぼうけ」（北原白秋作詞・山田耕筰作曲）の歌詞になっています。一番の歌詞は、「待ちぼうけ、待ちぼうけ、ある日せっせと野良稼ぎ、そこへ兔がとんで出て、ころりころげた木のねっこ」と始まり、五番の歌詞では畑が荒れてしまったと続きます。

余計な話に及びましたが、要するに時代が変わっても経営理念はしっかりと守り、しきたり・慣習は時代とともに変えることも必要であり、また常識といわれていることも良識をもって見直しするなど、しっかり分けて考えることが大事であるということです。

4

「時世に連れて動《か》すべきを動かさざれば、大勢立《たいせいた》ぬものなり」は、時代の流れとともに、見直すべきことは見直さなければ、時代遅れになるということです。

ここで学ぶべきことは二つあると思います。一つは、時代の流れ、時代の変化に気づくことが大事であるということ、もう一つは「不易流行」ということです。

まず、支店長は時代の変化に気づかなければいけないということです。経営学の組織論で、〝「ゆでガエル」シンドローム〟という現象を学びます。『組織論（補訂版）』（桑田耕太郎／田尾雅夫共著・有斐閣アルマ）には同現象について次のように記されています。

カエルは熱湯の入った桶に入れられると、死にたくないから桶から飛び出してしまう。しかし、水の入った桶に入れられ、それをストーブにかけてゆっくりと温めてやる。そうするとカエルはいつの間にか、ゆでられて死んでしまう。（同書三二三頁）

この〝「ゆでガエル」シンドローム〟は、まさに前述の「守株」の話と通じると思います。カエルは水の温度が少しずつ上がっていくのを気持ちよく感じて、外へ出たくなくなり、ゆであがって死んでしまうという状況は、自分を取り巻く環境が少しずつ変化していくことに気づかない人間と同じです。そのような人は、時代や社会が変化しているのに、過去の成功体験にとらわれ、いまの状態のままでいることが心地よく、改革や変化を嫌います。保守的な考え方に凝り固まり、新しい発想になじめず、変化・改革に臆病になっている人は、すでに「ゆでガエル」になっているかもしれません。

周囲・環境等の変化に気づかない人は、いまの自分を変えたくないと思っています。心地よいぬるま湯に浸っているカエルと同じです。変化しない、変化できないことは、変化する時代についていけないことと同義です。それは、以前から慣習として行っていたことが、時代の変化によっていつしか悪弊となるということを知るべきです。

貸出業務における「早割り・早貸し」「貸込み」という行為を冷静かつ客観的にみた場合、それは銀行が収益稼ぎをするための自己中心的な行為であることに気づくはずです。それは銀行が収益を上積みするために、取引先の懐に手を突っ込んで支払う必然性がない支払利息を貸出先から取るという悪弊といえます。

京セラ創業者の稲盛和夫氏は著作『実学』（日本経済新聞社）において、かつての「歩積み・両建て」について次のように記しています。

> 私は歩積みそのものがどうしても納得できないと考えて会議でその旨発言した。しかし、経理を担当する者はじめ周囲からは、歩積みをするのは常識であって、それをおかしいなどというのは非常識きわまりないと笑われて相手にもされなかったことがある。
>
> その後まもなく、このような歩積みや両建てという慣行は、銀行の実質収入を上げるための方便にすぎないと批判され、廃止された。これを見て私は、「いくら常識だといっても、道理から見ておかしいと思ったことは、必ず最後には世間でも認められるようになる」と自信を持った。（同書二七〜二八頁）

バブル期の銀行の収益至上主義が批判され、銀行は不良債権問題を惹起させた責任を問われ、自ら反省することを求められるなか、いまでも銀行は自己中心的なことを行っていてよいのでしょうか。「早割り・早貸し」「貸込み」という行為は、銀行が自らの収益を確保するために、貸出先の利益を搾取するものです。

いまの時代、銀行経営にコンプライアンスとディスクローズが求められます。銀行の行動は社会が見詰めています。「早割り・早貸し」「貸込み」という行為は法律に違反していないから問題はないという考えは許されません。自らの収益を確保するために貸出先の利益を搾取する実態について、銀行はどのような説明責任を果たすことができるのでしょうか。あるいは、「お客様第一」「お客様満足」というスローガンを掲げていながら、実際に行われている行為は「銀行第一」「銀行満足」であることについて、銀行は自らの道義的責任についてどのように説明するのでしょうか。

昔から行われている慣習が悪弊であるか否かを見極め、見直すべきことは見直さなければいけません。

支店長は日々変化する経済社会のなかで仕事を行い、取引先社長と会話することで、技術の進歩や流行や世代交代等の世の中の変化は感じているはずです。しかし、支店の中では〝おらが大将〟という意識があり、若手の斬新な意見や親しげな態度に抵抗感を感じているのではないでしょうか。まして、部下の年齢が自分の子どもの年齢に近いと、自分の経験の範囲を常識と認識して、時代の変化を感じながらも変化することに躊躇する自分がいるのではないでしょうか。

私が貸出業務の研修講師として「早割り・早貸し」「貸込み」という行為は望ましくない恥ずかしい行為であると話すと、若手行員はうなずきます。しかし、若手行員から聞く声は、支店でその行為を疑問に思うと支店長に意見するると、「お前が意見するのは一〇年早い」「お前にそんな意見をいう資格はない」と抑えつけられるそうです。これでは「大勢《たいせい》立《た》ぬものなり」です。

支店長が時代や社会の変化に溶け込み、変化に対応するためには、まずは若手行員とのコミュニケーションを図る時間を増やし、新鮮で純粋な彼らの意見を聞くことが大事です。そして業務上必要な知識は支店長といえども自ら勉強することです。特に、銀行の新商品や手続は部下に頼らず、支店長自身が知らなければいけません。

次に、支店長は「不易流行」ということも知らなければいけません。「不易流行」とは、松尾芭蕉が「奥の細道」の旅のなかで見出した俳諧の理念です。それは、〝不易を知らずして基立ちがたく、流行を知らざれば風新たならず〟といい、その意味するところは、「よい俳句をつくるためには俳句の基礎を学ばなければいけない。一方、時代の変化に従い新しさも追い求めないと、陳腐な俳句になってしまう」ということです。

「不易流行」という言葉は、いまや俳句以外のあらゆる分野で応用できる普遍的な概念として使われるようになっています。すなわち、「不易」は時代が変化しても絶対に変わらないもの、変えてはいけないものということで「不変の真理」を意味し、「流行」は時代の変化によって変わるもの、変えなければいけないものを意味します。

銀行経営において考えてみれば、いつの時代においても「信用」「信頼」「誠実」「正直」「正確」は必ず求められるものであり、変えてはいけない不易なることといえます。一方、コンピュータの利用、法律・行政の変化、業務範囲の拡大、等々は時代とともに変わる流行といえます。

本条で佐藤一斎は、家法は不易なるもの、しきたりは流行と認識し、「家法を古式と心得て除《の》け」ることはよくない、「仕来《しきたり》仕癖《くせ》は時世に連れて動《か》すべきを動かさざれば、大勢《たいせい》立《た》ぬものなり」といっているのは、まさに「不易流行」の考え方に通じます。

いまの銀行においては、不易より流行が重視されていないでしょうか。銀行は、人材教育において不易なることの重要性をどのように教えているのでしょうか。銀行は、「信用を得ること」「信頼を維持すること」を教えることより、収益アップのテクニックや投信販売のセールストークなどを教えることを優先していないでしょうか。

現在、多くの銀行は、入行式を迎える前の内定者に対し、銀行員としての心構えを教える以前に、証券外務員試験の資格を取らせている実態があります。銀行員として身につけるべき不易なる考え方を教える前に、収益に結びつく目先の業務を行う資格のほうが重要であると考えているようです。本当にこれでよいのでしょうか。

支店長は、半期ごとに変わる目標利益の確保や目標数値の達成が唯一の使命と思う前に、地域社会における信用の確立・取引先から信頼される業務・部下に対するＯＪＴ教育の重要性という経営を通して、「不易」なることをじっくり考える経営を行ってほしいと思います。

第4項 自分の頭で考える

第四条　先格古例に二つあり。家法の例格あり。仕癖《せ》の例格あり。先づ今此《の》事を処するに、斯様《かよう》斯様あるべしと自案を付《け》、時宜《じぎ》を考へて、然《る》後例格を検し、今日に引《き》合《は》すべし。仕癖の例格にても、其《の》通《り》にて能き事は其《の》通りにし、時宜に叶はざる事は拘泥《こうでい》すべからず。自案と云ふもの無しに、先づ例格より入るは、当今役人之通病《つうへい》なり。

【用語】
「先格」……先代からやってきたこと。

「例格」……例となる法則。前例。

【口語訳】

家々には先代から行われてきた慣例が二つあります。家訓という決まりごとと、慣習という決まりごとがあります。まず、当面する問題を処理する場合、このようにすればよいという自分なりの解決策を考え、程よい頃合いをみて、家訓や慣習に照らし合わせて、自分で考えた解決策がそれに適合するかを検討します。その解決策は、いままでの家訓や慣習に照らし合わせて問題ないと判断できたらそのとおりにすればよいし、家訓・慣習がいまの時代にあわないと思われる場合は、それに拘る必要はありません。自分で解決策を考えることなく、まず家訓・慣習をみて、その中から解決策のヒントを探すというやり方は、いまの役人が行っている悪い癖であります。

1

「先格古例に二つあり。家法の例格あり。仕癖《せ》の例格あり」~佐藤一斎は前条で、家法は守り、慣習は時代に応じて見直す必要があるといっています。銀行において、家法は経営理念、慣習は常識といわれる行為と置き換えて考えるとき、経営理念は時代が変わっても守り、慣習は時代の流れにあうかたちで見直すことが肝要ということを受けて、本条を読んでいきたいと思います。

2

「先づ今此《の》事を処するに、斯様《かよう》斯様あるべしと自案を付《け》、時宜《じぎ》を考へて、然《る》後例格を検し、今日に引合《きは》すべし」は、まず自分で解決策・対応案を考えなさいといっています。「時宜」とは、〝時のちょうどよいこと。また、その判断〟という意味ですから、自分が解決策・対応案を考えた後、程よい頃合いに、それが家訓・慣習に照らし合わせて外れていないか（適合するか）を検討しなさいといっています。

この条文は、支店長だけでなく部下を含め共通の問題として考えるべきことです。すなわち、事に際するとき、まずは自分の頭で考えることが大事です。あなたが支店長であれば、部下が支店長の顔色を窺って意見すると「君の考えはどうなんだ」と聞くのと同様、支店長も本部・役員の意向を内々に伺ったりせず、まずは自分の頭で考えることが大事です。

支店長は、事案の内容によって自らが解決策・対応策を考え、会議で出された部下の意見の中からどれを選択するかを決断するときも自ら考えることになります。そのとき留意することは、自由な発想を行い、発想が及ぶ範囲に制限を設けないことです。部下に対しても自由な発想や発言を認める必要があるということです。

往々にして、それは実現可能性が低いからとか、前例がないからとか、現実的ではないという枠をはめて、その範囲内で考える傾向があります。実現可能性が低い、前例がない、現実的ではないと思われる案を一笑に付し、選択肢として採り上げない姿勢は好ましくありません。視点を変え、違った見方からすると、それを採り上げないのは自らの実現力・実行力がないからであり、理解できないのは自らの知見の狭さかもしれません。自分の思考の硬直性を打破するためにも、自由な発想で解決策・対応案を考えることが必要です。部下にもそのようにさせるべきです。

自由な発想で考えたとき、それが経営理念や規程に抵触しないかを考えることは当然です。ここで重要なことは、解決策や対応策が「家法の例格」である経営理念に抵触することが明らかな場合は、解決策・対応策が間違っているということで見直すべきです。抵触するかどうか微妙な場合、所謂「グレー」な状況で判断が難しい場合でもその解決策・対応策は見直すべきです。経営理念との関わりにおいて「まあいいか」という安易な考え方は許されません。

3 「仕癖の例格にても、其通《のり》にて能き事は其通《の》りにし、時宜に叶はざる事は拘泥《こうでい》すべからず」

は、その解決策がしきたり・慣習に照らし合わせて問題なければ、その解決策のとおりに実行すればよい。解決策が正論で妥当性はあるがしきたり・慣習にあわない場合、検討した結果、しきたり・慣習がいまの時代にふさわしくないというならば、それに拘る必要はないといっています。

規程・マニュアルが時代にそぐわなく陳腐化している場合はそれに拘る必要はないということです。しかしながら、規程・マニュアルが時代にそぐわなく陳腐化しているからといって、銀行では規程・マニュアルに抵触する解決策を勝手に実行することは許されません。

「悪法も法なり」という言葉があります。法治主義・法治国家においては「時代にそぐわなくなった法律でも、法律は守らなければいけない」ということです。同様に、規程・マニュアルが時代にそぐわなく陳腐化していても、支店長はそれを遵守しなければいけません。

佐藤一斎が「時宜に叶はざる事は拘泥《こうでい》すべからず」ということを、銀行において考えるとき、「規程・マニュアルは遵守すべき」→「規程・マニュアルがいまの時代に適合しているとは思えない」→「規程・マニュアルを時代に適合するよう改正・改定しなければならない」という考え方で、規程・マニュアルを見直すことを本部に働きかけ、議論を興すことが支店長の役割かと考えます。制度疲労に陥っている規程・マニュアルの類は案外たくさんあると思います。

4

「自案と云ふもの無しに、先づ例格より入るは、当今役人之通病《つうへい》なり」は、自分で解決策を考えず、慣習や過去の事例等をみて、前例踏襲するやり方は、役人の悪い癖といっています。

「つうへい」は、現在は「通弊」と書きますが、ここでは「通病」と書いています。「病」は、「ビョウ」と読むときは「やまい、わずらう」という意味ですが、「へい」とも読み、ここでは「欠点、悪い習慣などがたまってできたもの」という意味で使われています。

いまの時代も、霞ケ関の役人は前例踏襲・過去実績範囲内ということが不磨の大典のごとく、それを守ることが伝統であるといわれます。銀行においても、本部・役員、また支店長のなかにも前例や過去実績を意識して、前例をはみ出し、前例を越える新しいやり方や、過去に一度もやったことがない方法を採用することに躊躇する人がいます。

前任者が行ったことを踏襲する、稟議書・報告書も基本的にはいままでのものを下書きにして作成する等々、いろいろな場面で前例踏襲・過去実績範囲内ということが行われています。

いままでのやり方に間違いはなかったか、よりよい方法はないかと考えて、自分なりの考え方で旧習の不合理を説いても、前例や過去実績にこだわる人は、自己革新ができない度量が小さい人物といわざるをえません。

そのような支店長は、部下の意見や考え方に対しても、前例や過去実績を引き合いに出してきます。そういう人は「間違いがあっては困る」という言い方をよくします。前例が必ずしも正しいとは限りません。前例といまとでは時間の経過があり、状況に変化があるかもしれません。前例を踏襲するということは自ら考えないということと同義です。前例は無条件に踏襲するのではなく、支店長は前例を参考にする場合も、〝前例に間違いはないか〟と、健全な懐疑心をもって自分の頭で考えることが必要です。部下にもそのように指導することが大事です。支店長は、部下が自由に考え、自己開発できる職場環境をつくらなければいけません。

支店長自身が自ら解決策や対応案を考えるとき、また部下にそれを考えさせるとき、大事なことは論理的であること、道徳倫理的に恥ずかしくないことという軸がぶれてはいけません。

前例は踏襲するのではなく、前例は参考にする程度にして、自分にとって確信がもてる案を考えることが大事です。前例踏襲主義の考え方は時代に取り残されること必定であると思います。自ら考えた案が前例とは異なり、それが採用されず、実現されなくても、無駄な労力と思ってはいけません。前例をまねしたり、教科書どおりに対処することは容易ですが、自分の頭で考え、確信がもてる案をつくり、それが議論されることが将来のためには必要かつ大事であると考えます。

自分の頭で考えることが大事であるということについて、私は拙著『銀行ルネサンス』(金融財政事情研究会)で次のように書きました。

「論語」の為政篇に次の言葉があります。「学而不思則罔、思而不学則殆」読み方は、〝学びて思わざれば則《すなわ》ち罔《くら》し、思いて学ばざれば則ち殆《あやう》し〟です。意味は、師の教えや書物の中身をただ覚えるだけで、その内容を自分で考えないのでは、真理が見えてこないということです。ただ学ぶだけでは、パブロフの犬のように反応するだけの頭になってしまいます。

知識と思考(自分の頭で考えること)は違います。多くの人は、自分の頭の中にある知識や情報を検索して、それをアウトプットすることで「考えた」と思い込んでいるようですが、それは自分の考えではなく、自分が持っていた知識だったということに気づかなければいけません。知識や情報は考える材料ですが、それ自体が自分自身の思考とはいえません。（同書二二八〜二二九頁）

上記文章の〝自分の頭の中にある知識や情報を検索して〟が、まさに前例・過去実績といえます。知識がいくら豊富であっても、自分の頭で考えない人は、応用能力に乏しく、創造的な仕事はできず、発展しないということを知るべきです。

第5項 機を見るに敏

第五条 応機と云ふ事あり肝要也。物事《ものごと》何によらず後の機は前に見ゆるもの也。其《その》機の動き方を察して、是れに従ふべし。物に拘《かかわ》りたる時は、後に及《およ》ん《ん》でとんと行き支《つか》へて難渋《なんじゅう》あるものなり。

【用語】

「応機」……機に応ずる。よい機会に応じて行うこと。

「肝要」……非常に大切であること。肝は肝臓、要は腰の意味あり。

＊「肝腎要《かんじんかなめ》」：肝臓と腎臓と腰が人体で大事なところという意味から、きわめて大切であること。

「難渋」……すらすらと事が進まないこと。悩むこと。

【口語訳】

何かをなすとき、頃合いがよいタイミングが大事です。よく注意していると、物事をなすタイミングは、事態が動く前に兆候として現れるものです。大事なことは、次はどのようになるかを推察して、時機に応じて手を打つことです。何かにかかわって手を打つタイミングを失することがあると、後にどうしようもない事態に陥り、困り果てることになります。

1

「応機と云ふ事あり肝要也」は、人間がすること、なすことには、それを行うタイミングが大事ですといっています。

ここでは、支店長が役員または部下に対して発言する「応機」について考えてみます。支店長は、自ら発言するときは次の四つの状況をわきまえて、タイミングを図ることが肝要です。

① 相手を知ること～聞く耳をもつ相手か、理解できる相手か

② 自分をわきまえる～相手は自分をどのようにみているか

③ 問題の把握～発言内容は簡にして要を得ること、結論を押し付けない

④ 発言のタイミング～発言する順番を考える

2 「物事《ものごと》何によらず後の機は前に見ゆるもの也」は、物事が動く前には必ず兆候があるので、それを見逃してはいけないといっています。

支店長は支店経営において、人と物事の兆候を見逃さないように努めるべきです。突然に結果を知り、驚くようでは困ります。部下の行動や取引先の動向を注視しなければいけません。

部下の発言や行動から、健康状態や精神状態に気になることはないか、コンプライアンスや仕事上で変なことをするような兆しはないか等は、常にみていなければいけません。また、貸出先の業績についても、部下に任せきりにしないで、倒産の兆候はないかという視点で注視することも重要です。

部下の健康や精神状態に異常を感じたら、早めに診療所に行かせる指示を出し、疲労がたまっているならば休ませるなどの管理も支店長の重要な役割です。貸出先の倒産の兆候を見逃したために、実損被害が大きくなっては困ります。これも、倒産の兆候を早めに把握できれば、債権保全の対策も前広に打つことができます。

しかし、現実にはそのような兆候を見逃している事例はたくさんあると思います。支店長として特に恥ずかしいことは、部下が鬱病であることに気づかず、「頑張れ」「何やってんだ」というケースと、貸出先の倒産を弁護士・裁判所からの通知や信用情報機関から流されたＦＡＸで知ることです。どちらも経営者として予兆をとらえられていないことが露呈したといえます。

佐藤一斎の「言志晩録」（『言志四録（三）』講談社学術文庫）には次のような言葉があります。

心気《しんき》清明《せいめい》なれば、能《よ》く事機を知り、物先に感ず
～人の心持ちがはっきり明らかであれば、事の起こらない以前にそのきざしを知り、物事の先々に感ずることができる。（同書三〇八頁）

同じ現象や事象をみても、それが悪い結果につながるということに気づかない支店長もいれば、その兆候を感じる支店長もいます。その差はどこにあるかと考えると、それはアンテナ機能の違いかと思います。それは単なる〝勘〟とは違います。知識・経験の上に、興味・関心・好奇心・感受性等が加わったもので、〝機を見るに敏〟といえる能力と考えます。それは、日頃の経験の蓄積によって磨かれるものです。それは、己の職務に真剣に接することで、知らず知らずにそのような素養・下地が醸成されてゆくものと考えます。そのアンテナ機能は、平素から自らの心境を曇りなく研ぎ保つことが重要であるということにほかなりません。

です。

3

「其《の》機の動き方を察して、是れに従ふべし」は、兆候を察したら、対策を打てということです。

すなわち、兆候をいち早く知るだけで満足してはいけません。その兆候から、次の段階がどうなるかを察して、対策をとることが大事です。兆候を察したならば、手をこまねくことなく、タイミングを逃さずに手を打つことが大事で、手遅れになってはいけません。

部下の健康や精神状態に異常を感じながらも、見て見ぬふりをすることは言語道断です。支店長としての経営能力の問題以前に、人間性・人格が疑われます。すぐに銀行の診療所・病院へ行かせるべきです。

また、貸出業務においては、不良債権になる懸念・粉飾決算の疑惑・業績悪化の兆候等を自らみることなく、部下からの報告を待ったり、それに頼ったりする姿勢も許せません。貸出業務における失態は支店収益だけでなく銀行経営に影響を及ぼします。預金の動き・決算書・経営者・業界動向等々におけるさまざまな悪い兆候を見逃し、取引先の異常に気づかず、実損に及ぶことになったら支店長の与信判断力と結果責任が問われます。

論語「為政編」に「見義不為、無勇也」（義を見て為《せ》ざるは勇《ゆう》なきなり）という有名な言葉があります。〝人の道として当然行うべきことと知りながら、何もなさないことは勇気がないということ〟という意味です。

支店長として、やるべきことと知りながら、それを行わないことは支店長失格といわれても仕方ありません。

4

「物に拘《かかわ》りたる時は、後に及《ん》でとんと行き支《つか》へて難渋《なんじゅう》あるものなり」は、手立てを打つタイミングを失すると、困った事態になるといっています。

タイミングを失する例として、御礼や謝罪が遅れる、訪問する時機を失する、会議等で意見をいうチャンスを逃す、部下に対するGO・STOPの指示の遅れ、あるいは顧客に対する金利動向・株価為替情報の提供等々、さまざまなことがあります。

タイミングを失するというのは、後手に回ることだけではありません。早過ぎるタイミングもよい結果を招きません。早過ぎず、遅過ぎずのタイミングは難しいですが、これも前述したように、〝己の職務に真剣に接することで、知らず知らずにそのような素養・下地が醸成されてゆくもの〟と考えます。

それは、所謂、「タイミングを図る」という言葉で表せます。そしてそれは、理性と知性と感性の三つのバランスが大事になります。感性の強い人が、感情の盛り上がりによって、「もうダメだ、やめろ！」といったり、「よくわからない。いいからやっちゃえ！」ということは冷静なマネジメントとはいえません。知性が支配的な人は「それはどういう意味なの？」「なぜそういわなければいけないのか！」と理屈や情報や前例との比較に時間を要して然るべき行動を起こすタイミングを失する懸念があります。支店長がこれらのタイミングを誤ることで事態がより悪化したり、相手の感情を害することで、その後の対応・収拾が困難になることがあります。支店長は、状況を知り行動の必要性を感じながら、怠慢・臆病ということでタイミングを失することがあってはいけません。

銀行では、形式を重視するあまり、急ぎの案件・決断が必要な状況にありながら、すぐ直属の上司を通さないやり方に躊躇する人がいます。直属の課長や次長を飛ばして支店長に直接に意見をいうことをはばかるという雰囲気があり、それによってタイミングを失することがあります。あるいは、口頭で相談すれば早いのに、稟議書やメモという書面にしないといけないという思い込みがあり、それに時間がかかってタイミングが遅れることもあります。筆者が副支店長のとき、支店長が出張でいないときに起きた緊急の案件について、副支店長の私から本部の部長や役員へ直接電話を入れ話をしました。また支店長のとき、メールの宛先は頭取、役員はＣＣで支店の状況（テリトリー内金融機関破綻に伴う情報等）を報告したこともあります。

ここで考えるべきは、形式が大事なのか、タイミングが大事なのか、という点です。もちろん、本質的なことはタイミングを失しないことのほうが大事であることはいうまでもありません。

第6項

中庸を得る

第六条　公平を失ふては、善き事も行はれず。凡そ物事《ものごと》の内に入《り》ては、大体の中すみ見へず。姑《しばら》く引除《ひきのけ》て活眼にて惣体之体面《たいめん》を視て中《なか》を取るべし。

【用語】

「中すみ」……中から見た四隅。物事の中に入り込むと全体が見えぬこと。

「活眼」……物事の道理をよく見通す眼識。物事を見抜く能力。

「惣体」……「惣」の現代標記は「総」、総体＝物事のすべて。全体。

【口語訳】

物事を処理するとき、偏った考えやえこひいきで臨むと、よいことをしようと思っていても、実際にはそうはいきません。物事が起きたとき、その渦中にいては隅々まで目を行き届かせることはできません。とりあえずは一歩下がって、物事の道理・善悪を見抜く眼識をもって、全体を見渡し、関係者の面目を損なわないよう考え、中庸の結論を出すとよい。

1

「公平を失ふては、善き事も行はれず」は、公平を失ってはよいことはできないといっています。公平無私で物事に対処しなければよい結果は生まれないということです。

ここでは「善き事」で「善」という字を使っています。「善い」は、〝正しい・道理に適っている〟という意味で、「善行」「善悪」「善意」という言葉からも「善き事」は論理的、道徳的の「よい」ということと考えられます。

次に、「公平」という言葉について考えてみます。「公平」と「平等」は意味が違います。「公平」は、すべての人に対し、機会が均等に与えられ、その結果に対して不当な差別がないことをいいます。「平等」は、個人の資質・能力・努力・成果に関係なく、一定の規則どおりに処遇することです。

支店長は平等ではなく公平を意識して経営を行わなければいけません。公平な経営を行うためには、私利私欲・感情的主観を判断尺度から切り離すことが求められます。その心を「公平無私」といいます。これは言葉でいうことは簡単ですが、生身の人間にとっては難しいと思います。現実には「不公平」という言葉で表される現実がみられます。しかし、支店長は必ず「公平」を意識して支店経営を行わなければいけません。

人間社会には、偏り、えこひいき、仲間はずれ、いじめなどがあります。公平とは、こういうことに対して差別・不正を排し、公正に判断・審判すること、あるいは偏りなく分け合うことです。

支店経営において、一〇〇の目標を五人の部下に各二〇で振り分けることは平等ですが公平ではありません。部下の経験年数やキャリア・能力、あるいは担当地域や担当取引先によるマーケットの潜在力に違いがあるため、目標に対する難易度が異なるにもかかわらず数字だけ同じに分けることは公平とはいえません。また、成果が異なる五人に対して、五人全員に一〇万円の賞与を与えることは平等ですが、公平とはいえません。

支店長は部下をもつ管理監督者として、目標管理・実績考課・人事評価等の場面においては、常に「公平」という意識を忘れてはいけません。

支店長が恣意的に公平感を欠くような発言・行動を行うことは、言語道断、絶対にやってはいけません。部下からそのようにみられている支店長は、支店長職失格です。

「公平」と「公正」の違いについても触れておきます。「公正な裁判」といいますが「公平な裁判」とはいいません。また「公正取引委員会」がありますが「公平取引」とはいいません。「公平」は〝物事が偏らないようにすること〟に重点を置き、「公正」は〝不正・ごまかしはない〟という意味が強いという違いがあります。したがって、行政では「公正」という言葉がよく使われますが、銀行経営においては「公正」より「公平」を使う機会が多く、妥当かと思います。

2

「凡そ物事《ものごと》の内に入《り》ては、大体の中すみ見へず」は、渦中にいては隅々まで目を行き届かせることはできないといっています。「中すみ」とは用語の意味に書いたように、〝物事の中に入り込むと全体が見えぬこと〟(『佐藤一斎全集第一巻』明徳出版社・二四三頁)です。

また、「中すみ」の「中」は妥当な考え方、「すみ」は極端な考え方ととらえ、「中すみ」の結論としての落としどころを「中庸」とすると考えてもよいかと思います。

ここでは、「物事《ものごと》の内に入る」ということ自体が「公平を失う」行為とみられますよ……といっているのかもしれません。

「重箱の隅をつつく」という言葉があります。これは、〝細かいことを気にする、些細なことにこだわる〟ということから、〝本質ではないことを追究する〟という意味で使われます。

支店長は全体を俯瞰する立場にあり、自ら問題の渦中に入り込み「重箱の隅をつつく」ような行動は避けたほうがよいと思います。

3

「姑《しばら》く引除《ひきのけ》て活眼にて惣体之体面《たいめん》を視て中《なか》を取るべし」は、とりあえずは問題の渦中から退き、物事の全体を見渡して、関係者の面目を損なわないよう中庸の結論を出すことがよいとしています。

「引除《ひきのけ》」は「引き退ける」で「引いて退く」ことで全体をみることができます。これは、支店長は大局観をもって事に臨むことが重要であるということをいっています。

支店長が大局観で臨むとき留意すべき点は二つあります。それは「視点」と「ポジション」です。支店長は、問題の器のなかに部下とともにいて、部下と同じ視点で考えてはいけません。部下の意見・考え方を第三条や第四条で読んだように、当行の経営理念やマニュアルに照らして問題がないか、またその案は顧客にどのような影響や結果を招くことになるか、さらに支店経営にとって計数のみならず信用・信頼という観点からプラスになるかマイナスになるか等々を検証する必要があります。部下とは異なる支店長の視点で判断しなければいけません。

次にポジションです。支店長自身の立ち位置の問題です。支店長は、本条に記されたとおり、渦中から退き全体をみるということは、問題を客観的に観察するためには距離感が必要だということです。渦中に身を置くと、大局がみえなくなるからです。

「大所高所からみる」という言葉があります。「大所」とは〝小さなことにこだわらない広い観点、大きな立場〟を意味し、「高所」とは〝見通しのきく高い場所、高い見地〟という意味です。したがって、「大所高所」とは、〝つまらない事にはこだわらない大きな立場に立ち、偏見や私利私欲を排して大局的に事を処すること〟であり、それは個々の事情や表面的な事柄にとらわれない本質を直視して判断するということです。

支店長は、慣習・常識・場の空気、あるいは「本部が決めたこと」「すでに解決した問題」でも、批判的精神で「それは正しいことだろうか?」「もっとよい方法があるのではないだろうか?」「みんなのほうが間違っているかもしれない」と自分の頭で考えることが大事です。それを私は「健全な懐疑心」といっています。これこそが「活眼」だと思います。

本文の難しいところは、「中《なか》を取るべし」をどのように理解するかということです。佐藤一斎は「言志後録」(『言志四録(二)』講談社学術文庫)で次のように述べています。

中《ちゅう》の字《じ》は最《もっと》も認《みと》め叵《がた》し。愞弱《ぜんじゃく》の人の認めて以て中と為す者は、皆及ばざるなり。気魄《きはく》の人の認めて以て中と為す者は、皆《みな》過ぎたるなり。故に君子の道《みち》鮮《すくな》し。

この訳は、〝「中」に該当するものはなかなかないものである。心の弱い人が「中」だと認めるものは「中」に及ばないものである。反対に気魄のある勝気な人が「中」だというものは、皆「中」を過ぎたものである。この故に真の君子の道たる「中」はまことに少ないものである。〟(同書四八~四九頁)と記しています。

そこで「中庸」という言葉が出てくると考えます。「中庸」という言葉も間違って理解している人がいますので、ここで若干解説したいと思います。「中庸」の「中」は、過不及の中間をとるということではありません。真ん中をとるとか、平均値、足して二で割るというものでもありません。物事を判断するうえで、どちらにも偏らず、普通の感覚で〝よし〟と理解できるもののことをいいます。

「中庸」は、勝ち負け、譲る譲らないということではなく、考え方や行動が一つの立場に偏らず、極端な考え方にならないことです。議論が熱くなったとき、自己主張を譲らない人に対して、「まあいいや!」「これ以上いっても変わらないし……」とあきらめることではなく、無駄な言い合いを避ける知恵が「中庸」といえます。「中庸」の立場をとる人は、決して根性がないわけでなく、強い意思と精神力が必要です。

孔子は「論語」（雍也篇第6－29）で次のようにいっています。

中庸の徳たる、其れ到れるなか。民鮮《すくな》きこと久し

～中庸（不足なく、余分なく、ちょうど適当なバランスに立ち行動できること）の徳を具えた人は、人徳として最高の価値がある。しかし、そのような人をみることは少なくなりました。

第7項　度量を広くもつ

第七条　衆人の厭服《えんぷく》する所を心掛《く》べし。無理押付《おしつけ》之事あるべからず。苛察《かさつ》を威厳と認め、又好む所に私《わたくし》するは、皆小量之病《のへい》なり。

【用語】

「厭服」……従うところ。

「苛察」……細かいことまで厳しく詮索すること。

「小量」……度量が狭いこと。

【口語訳】

多くの人が納得して従うような行いを心がけることが大事です。無理難題を押し付けてはいけません。細かいところまで口出しすることを威厳だと思い込んだり、自分の利益になるように振る舞うような人は、みんな度量が狭いという性癖なのです。

1

「衆人の厭服《えんぷく》する所を心掛《く》べし。無理押付《おしつけ》之事あるべからず」は、人々が嫌がることはしないこと、無理矢理に押し付けることは慎めといっています。

「厭」は〝いやになる〟という意味（→「厭世」「厭戦」）で、「厭服」は「服従する」ことを嫌がることから〝従うところ〟という意味です。

論語に、「己の欲せざる所、人に施すことなかれ」（衛霊公第十五）という有名な言葉があります。〝自分がしてほしくないことを、人にしてはならない〟という意味で、まさに同じ意味です。

佐藤一斎は、このことについて、「言志録」ではより詳しく述べています。（『言志四録（一）』

講談社学術文庫）

理《ことわり》到《いた》るの言は、人服《ふく》せざるを得ず。然《しか》れども其の言激《げき》する所有れば則ち服せず。強《し》うる所あれば則ち服せず。挾《さしはさ》む所有れば則ち服せず。便《べん》ずる所有れば則ち服せず。凡そ理《ことわり》到《いた》って人服せざれば、君子必ず自《みずか》ら反《かえ》りみる。我れ先ず服して、而《しか》る後《のち》に人之れに服す。

～道理の行き届いた言葉には、誰でも服従しないわけにはいかない。しかし、その言葉に激しいところがあると、聴く人は服従しない。無理に押しつけるところがあれば、服従しない。身勝手な私心を挟むところがあれば、服従しない。言う人の便利をはかろうとするところがあると、服従しない。凡そ、道理が行き届いている（と思う）にも拘らず、人が服従しない時には、君子は自ら反省する（ものだ）。先ず、自分自身が心から服従して、しかる後に人は服従するものである。（同書二二九頁）

佐藤一斎は衆人（多くの人）が服従しない理由を上記のとおり書いていますが、銀行という組織においては上記理由であっても、部下は支店長に服従するケースが多いと思います。それは「面従腹背」ということです。うわべは支店長のいうことに従うふりをしていますが、内心では従ってはいないことをいう言葉です。

「面従腹背」という言葉は、上に立つ人（支店長）が下の人（部下）を指して使う場合が多いように思います。それは、面従腹背する側に焦点がゆき、「あいつは何を考えているのかわからない」と部下を疑う場面で使われるからです。しかし、面従腹背が起きる原因は支店長にあります。

結論からいえば、本条文に記されているように、支店長が自分の価値観や考え方が唯一無二と思い込み、それを部下に一方的に押し付けるとき、またその態度が見下すようなとき、部下は面従腹背を起こし、心のなかで支店長を認めていないということになるのです。

支店長も、役員がいう無理なことに面従腹背するときがあるのではないでしょうか。その時、支店長もつらい思いをするはずです。しかし、組織に属していると、状況にもよりますが、我慢して従わなければいけないときがあります。ということを、支店長自身も経験があるはずです。そのような経験をしているならば、部下が同じような状況になっていないかということに支店長は気づかなければいけません。

佐藤一斎はそのことを「言志録」で、上記のとおり「凡そ理到って人服せざれば、君子必ず自ら反りみる。我れ先ず服して、而る後に人之れに服す」といっているのです。

支店長も役員から下される無理難題や不公平な処遇を憎み嫌うときがあるならば、その心持ちをもって部下の心底を推し量り、察するならば、部下に対してそうした言動や処遇を行わないよう心がけるべきです。また、支店長が部下の面従腹背の態度を憎み嫌う自らの心持ちをもって、役員の心底を推し量り、察するならば、そのような態度で役員に接しないよう心がけることも大事であるということは自ずとわかると思います。

2

「苛察《かさつ》を威厳と認め、又好む所に私《わたくし》するは、皆小量之《の》病《へい》なり」は、細かいところまで口出しすることを威厳だと思い込んだり、自分勝手に振る舞う人は、みんな小者だといっています。

「苛」という字は、「苛《いじ》める」「苛虐」という使い方がありますが、「苛察」は〝細かいことまで厳しく詮索する〟という意味です。「察」という字は、観察・診察という言葉で使われ〝明らかにする、詳しくみる〟という意味があります。

支店長が支店経営を行うに際し、細かいことまで口出しすることはいけないことでしょうか？何事にもきちんとすることは悪いことではありませんが、あまりにもこだわりが過ぎたり、重箱の隅を突っつくようなことをいうと、部下に煙たがられるものです。こういうことは、支店長になる前のあなたも経験してきていると思います。

仕事で細かいことがどうしても気になる性格の支店長はいます。しかし、支店長の職にあるならば、仕事の効率や決断のタイミングを図ることも意識しなければいけません。細部にこだわって重要な本質を見失うことになってはいけません。支店長に求められている重要なことは何かを考えなければいけません。自己満足を得るために細かいことまで厳しく詮索する意味があるかを考えなければいけません。まして、部下に細かいことまで質問することで、威厳を保とうとすることは間違いです。

細かいことをいわれた部下が迷惑そうに、煙たそうな顔をすると、「これはお前のためにいっているんだ」「お前の将来のことを考えているんだ」という支店長がいます。これも程度問題かと思いますが、部下が自分は支店長にいじめられていると受け止められるような言い方は避けたほうがよいと思います。

ただし、支店長は貸出業務に関する稟議書や決算書等の資料はしっかりと細かくチェックするべきです。苛察であって構いません。なぜならば、貸出業務（除く貸出事務）は判断業務であり、マニュアルはありません。かつ支店長が自らの責任で決裁するものですから、しっかりと内容を吟味・検証することが大事です。

3

「小量」という言葉から、ここで「度量」ということについて考えてみたいと思います。

「度量が大きい」ということはどういうことでしょうか。細かいことを気にしない人、他人の意見を受け入れる人、自分の意見をいわずにどっちでもかまわないという人でしょうか。決してそういうことではないと思います。

人間は十人十色でいろいろな考え方の人がいます。だれがいったにしても〝よい〟と思うことは素直に認めなければいけません。社会生活をするうえで、仕事をするうえで、人は多くの人と接します。支店長は、組織社会における上にいる人・下にいる人に対して、過ぎた卑下や、過ぎた謙遜は不要です。また、過剰な自信はいけませんが、ある程度の自信はもつべきです。このように考えると、第六条で述べた「中庸」の心を常にもつことが「度量が大きい」ことのように思います。

それは「寛容さ」と「謙虚さ」だと思います。少数意見や突拍子もない意見でも〝どうしてそう思うの？〟〝なぜそのような考えに至ったの？〟という思いを馳せることは寛容さであり、謙虚さともいえます。「寛容さ」と「謙虚さ」は表裏一体といえます。「包容力」といってもよいかと思います。少数意見に耳を傾けることができない、部下の意見を素直に受け入れられない、部下に嫉妬するような支店長は「度量が小さい」といわざるをえません。

支店長としての度量は、〝手柄は部下のもの、責任は自分がとる〟ということではないでしょうか。逆に、部下の手柄を自分の手柄にしたり、自分の失敗を部下の責任にする支店長は最低です。「度量が小さい」どころか「度量がない」というべきです。また、勝ち負けにこだわり、「やられたら、やり返す」「倍返しだ」という半沢直樹の態度・行動は「度量がない」部類に入るかと思います。

また、似て非なる言葉に「器量」があります。「器量」は、いまの立場や地位に応じて発揮する才覚・能力・態度全般のことを指し、「度量」は他人の意見等を受け入れたり、他人を許すなどの心の大きさのことです。

支店長に限らず、器量と度量の両方を磨くことが人間的に成長するということと考えます。

第8項

部下に仕事を任せる

第八条　重職たるもの、勤向繁多《つとめむき》と云ふ口上《こうじょう》は恥《ず》べき事なり。仮令《たとえ》世話敷《せわしく》とも、世話敷と云はぬが能きなり。随分手のすき、心に有餘《ゆうよ》あるに非れば、大事《だいじ》に心付かぬもの也。重職小事《しょうじ》を自《みずか》らし、諸役に任使《にんし》する事能はざる故に、諸役自然ともたれる所ありて、重職事多《き》になる勢《いきおい》あり。

【用語】

「仮令」……「たとえ」は「たとい」の転。もしかりに、もしそうだとしても。

「世話敷」……「せわしく」は「せわしい」、「忙」という字を「せわしい」「いそがしい」と読む。「忙」は、「忄＝心」（こころ）と「亡」（ほろぶ）の組合せ。

「随分」……可能なかぎり。ぎりぎり。

「有餘」……余りあること。ここでは、余裕、ゆとりの意。
「任使」……仕事を任せて使うこと。

【口語訳】

重職の地位にある者が「勤めが忙しい・仕事が多い」ということは恥ずかしいことです。もし、忙しいのが事実であっても、忙しいといわないほうがよい。できるだけ空き時間をつくり、心にゆとりをもつことができないと、重要なことに気づかず、見逃してしまうことがあります。重職自ら部下が行うべき重要でない仕事を行い、部下たちに仕事を任せることができなければ、部下たちは自然と重職を頼り、もたれかかってきて、重職はさらに忙しくなってしまいます。

1

「重職たるもの、勤向繁多《つとめむき》と云ふ口上《こうじょう》は恥《は》ずべき事なり。仮令世話敷《たとえせわしく》とも、世話敷と云はぬが能きなり」は、上に立つ人は「忙しい」ということは恥ずかしいことで、本当に忙しくても「忙しい」といわないほうがよいといっています。

口語訳で「勤めが忙しい」と「仕事が多い」二つの意味を書きました。多くの人は「忙しい」を「いそがしい」と読んだかと思いますが、しかし、これは「せわしい」とも読みます。条文では「繁多」と「世話敷」という言葉を使い分けています。「繁多」は〝用事が多くていそがしい

（広辞苑）〟という意味ですから「忙しい」は「いそがしい」と読むことでよいと思います。「世話敷」という言葉は広辞苑に掲載されていませんが、これは「せわしき」と読むならば、「忙しい」は「せわしい」と読むほうが妥当かと思います。

「いそがしい」と「せわしい」の違いは、〟やるべきことが多くて暇（＝時間）がない様子〟が「いそがしい」であり、〟一時もじっとできずに落ち着かない様子〟が「せわしい」ということです。

したがって、「勤向繁多《つとめむき》と云ふ」は、まさに仕事が多くていそがしいということで、「世話敷とも、世話敷《せわしく》と云はぬが能きなり」は、いそがしくて気持ちが落ち着かずにいらいらしていてもそれを表わしてはいけないという意味であろうと思います。

私も支店長を三場所務めましたので、支店長の職務が忙しいことはよく承知しています。しかし、支店長が「忙しい」という言葉を口癖のようにいうことはよくありません。まして、それを言葉だけでなく表情や態度で露わにすることもよくありません。

私が支店長を対象に行う研修で、現役支店長からよく聞かされることは、「業績目標達成のために忙しくて、ＯＪＴを行う時間がない」という言葉です。仕事が忙しいことと、ＯＪＴ（のみならずほかのこと）を行う時間がないこととは関係はありません。そんな理屈は通りません。なぜならば、そういうことをいう支店長は、〟業績目標達成がすべてに優先する〟という考え方であり、その考え方に凝り固まっているだけなのです。

支店長の仕事は、支店長の意思と関係なく増えていきます。すべての仕事を完璧に行おうと思ったらきりがありません。支店長が忙しい仕事に埋没しては、第六条の「凡そ物事《ものごと》の内に入《り》ては、大体の中すみ見へず。姑《しばら》く引除《ひきのけ》て活眼にて惣体之体面《たいめん》を視て中《なか》を取るべし」という教えが役に立ちません。

支店長は時間をコントロールできなければいけません。目標達成だけの仕事を最優先するのではなく、それを優先順位で最上位にするにしても、部下のＯＪＴに割く時間をつくり、自分や部下の健康・体調管理をすること等々のことも考えるべきです。

「忙しい」という言葉を連発する支店長は、時間管理ができず、部下の帰りを遅くし、残業時間を増やすことになります。また、忙しくせわしい支店長は緊急事態やトラブル処理を冷静に対応できません。そして、情報の共有・仕事の段取り・コミュニケーション・判断に集中する時間・モチベーション等々、いろいろなことに影響が出ることに気づかなければいけません。

支店長は、「忙しい」ということが〝仕事ができる〟〝仕事をやっている〟と思い違いしてはいけません。また、「忙しい」ことを、業績目標やＯＪＴができなかった理由に掲げ、それを免罪符にして言い訳してはいけません。どんなに忙しくても、志をもち、支店長としての本分を正しく知っているならば、忙しさのなかにも大事なやるべきことはやらなければいけません。

部下や取引先から「いま、お忙しいですか」と聞かれ、「忙しいから後にしてくれ」と答えることは好ましくありません。支店長は実際に忙しいときでも、ちょっと手を止め、時間をつくり、相手の話を聞く姿勢が大事です。話を聞いたうえで、その話は急がなくてもよい、後回しでも大丈夫、あるいは、いますぐ最優先で聞くべき～という優先順位をつけることができます。支店長は、そのくらいの心のゆとりをもつように心がけてほしいと思います。

2

「随分手のすき、心に有餘《ゆうよ》あるに非れば、大事《だいじ》に心付かぬもの也」は、できるだけ空き時間をつくり、心にゆとりをもつことができないと、重要なことに気づかないことがあるということです。

「手のすき」は、「手隙」（仕事がなくて暇なこと）、「手が空く」（仕事がなくなる、暇になる）、どちらも〝仕事の手を休め、空き時間をつくる〟ということになります。

どのようにして空き時間をつくるかは、支店長自らが時間管理を行い、コントロールしなければいけません。それは、部下に仕事を任せ、余計な仕事はやらない、仕事の効率化を図ることなどが考えられます。あるいは、大切なこととそうでないこと、やるべきこととやらなくてもよいことを見分け、優先順位をつけることも大事です。

また、支店長は心身ともに余裕がなければ、大事に抜かりが生じるということです。

佐藤一斎は「言志耋《てつ》録」（『言志四録（四）』講談社学術文庫）で次のように書いています。

人は須《すべか》らく忙裏《ぼうり》に閒《かん》を占め、苦中《くちゅう》に楽《らく》を存する工夫を著《つ》くべし。

～人は忙しい中にも静かな時の如き心をもたなければならないし、また、苦しみの中にあっても楽しみを保つ工夫をしなければならない。（同書一一三頁）

「閒《かん》」は「間」の旧字体で〝しずか・ゆるやか〟という意味があります。

また、佐藤一斎は「言志録」（『言志四録（一）』講談社学術文庫）で次のようにも書いています。

今人率《こんじんおおむ》ね口に多忙《たぼう》を説く。其の為す所を視《み》るに、実事《じつじ》を整頓《せいとん》するもの十に一二。閑事《かんじ》を料《りょう》理《り》するもの十に八九、又閑事を認めて以て実事と為す。宜《うべ》なり其の多忙なるや。志《こころざし》有る者誤《あやま》って此窠《このか》を踏むこと勿《なか》れ。

～今時の人は、口ぐせのように忙しいという。しかし、そのしているところを見ると、実際に必要なことをしているのは十の中の一、二に過ぎず、つまらない仕事が、十の中の八、九である。そして、このつまらない仕事を必要な仕事と思っているのであるから、これではいそがしいのはもっともなことだ。本当に何かしようとする志のある者は、こんなあなに入り込んではいけない。（同書五六～五七頁）

支店長は、銀行が定める早帰り日だけでなく、自らの早帰り日を決めてはいかがでしょうか。そうすると、その時間内に自分の仕事を終えるようになるはずです。また、部下も付き合い残業をやめて早く帰るようになります。それは経費節減にもつながり、管理損益上プラスに作用します。

3

「重職小事《しょうじ》を自《みずか》らし、諸役に任使《にんし》する事能はざる故に、諸役自然ともたれる所ありて、重職事多《き》になる勢《いきおい》あり」は、上に立つ者が小さいことまで自分で行い、仕事を部下に任すことができなければ、部下は上司を頼りにしてきて、さらに忙しくなってしまうといっています。

「自《みずか》らし」の「し」は、「自ら」という主語を強く指示してその意味を強める助詞で、次にくる「任使《にんし》する」という行為の主体が重職の自分であるということを強調する役目の言葉です。「能はざる」は「能う」（できる。なしうる）を打ち消し、〝任せて使うことができない〟という意味になります。

ここでは「任使」という言葉を使っています。「使用」「任用」とは意味が違います。「使用」は賃金を支払い、あるいは権限をもって人を労務に服させることです。「任用」は、現時点では部下ではない人を、職務に任じて採用（任用試験）すること、あるいは役目を与えて働かせることです。「任使」は、〝委任して使う〟（広辞苑）ということです。すなわち、部下をただ使うだけではなく、仕事を部下に委ね任せるという意味です。

支店長が、部下はうまくやれると思っていない、部下にやらせると遅い、等々の理由で、部下に仕事を任せられず、小さいことまで自らやってしまうことがあります。そうすると、部下は自然と支店長を頼るようになり、その結果、支店長が忙しくなるということです。佐藤一斎は、こうであってはいけませんと戒めています。

支店長によっては、部下に任せていては時間内に仕事が終わらない、自分でやれば早く上手にできるということで、自分が忙しいことはかまわないという人がいます。しかし、この問題は、支店長が忙しいことを我慢すればよいということではありません。

支店長が部下に仕事を任せることができないことが問題なのです。それは、部下を信用していない、部下の教育・育成ができていない、その結果、部下が成長しないことになるのです。

私は、支店長を対象に研修の講師を務めますが、現役支店長が「部下が育っていない」と嘆く発言に接します。それは、支店長が部下を育てていないということであり、天に唾する結果であるということを自覚しなければいけません。

また、部下に仕事を任せる支店長の中に、「君に任せたよ」といいながら、失敗の責任をとらない人がいます。あるいは、部下に仕事を任せるといいながら、細かいことまで指示を出す支店長がいます。どちらの支店長も失格です。どちらも部下を育成するということができていません。支店長は、部下に仕事を任せることの意義と本質をしっかりと考えなければいけません。

支店長が部下に仕事を任せるということは、部下に対する指導・教育であり、育成の一環であると考えるべきです。任せた仕事の結果がよければ褒め称え、悪い結果に対してはともに反省を行うが、最終の責任は自分が負うという気持ちが大事です。

第9項

公正な人事評価を考える

第九条　刑賞与奪《けいしょうよだつ》の権は、人主のものにして、大臣是《これ》を預るべきなり。倒《さかしま》に有司に授くべからず。斯《かく》の如き大事に至《いたり》ては、巌敷透間《きびしくすきま》あるべからず。

【用語】

「人主」……君主→ここでは藩主。

「透間」……「隙間」とも書く。ここでは、油断、手抜かりの意。

【口語訳】

法に照らして処罰することや褒め称えることの権限は藩主が行うものであり、執政を任される者はこれを預っているにすぎません。これを逆さまにするように、この権限を役人（部下）に授けてはいけません。この重大なことについては、厳しく手抜かりなく管理しなければいけません。

1

「刑賞与奪《けいしょうよだつ》の権は、人主のものにして、大臣是《これ》を預るべきなり」の口語訳は上記のとおり書きましたが、実は、「大臣是《これ》を預るべきなり」をどのように解釈するかは難しいところです。私は二つの解釈があると考えます。

一つの読み方は、〝「刑賞与奪《けいしょうよだつ》の権」は藩主にあるが、実際は大臣がこれを執り行っており、「大臣が行っているその権限は、本当は藩主のものであることを確認し、大臣はその権限を預っているにすぎない」〟という読み方です。別の読み方は、〝実際に藩主が「刑賞与奪《けいしょうよだつ》の権」を執り行うと、独善的・恣意的に行うおそれがあるので、それを牽制し、藩主の権限の濫用を防ぐために、大臣がその権限を預り行うべきである〟という読み方です。

佐藤一斎が生きた時代を考えるとき、重職が役人に与える「刑賞《けいしょう》」の「刑」は〝しおき、懲らしめ〟という刑罰を意味し、「賞」は〝ほめる、ほうび〟という賞賛・賞辞を意味すると考えられます。

本条の「刑賞《けいしょう》」を、現在の銀行において置き換えて考えると、「賞」は「賞与」「賞状」、「刑」は「戒告」「懲戒」ということでしょうか。

そこで、「刑賞与奪《けいしょうよだつ》の権」を部下の評価・処遇に関する人事権（配置・異動・人事考課・昇進・昇格・降格・懲戒・解雇等）に置き換えて本条を考えてみたいと思います。

人事権とは、一般的には、労働者の地位の変動や処遇に関する使用者の決定権限のことを指します。その人事権は労働契約に基づく権利ですから、労働契約の範囲を超えて行使することはできません。

使用者は、労働契約法に基づき、配置・異動・人事考課・昇進・昇格・降格・懲戒・解雇等を行う権利を有すると解されます。しかし、「労働契約法」により、権利を濫用することはできません（同法第三条第五項）。

銀行において行員に対する人事権は最終的には人事部にあると考えますが、実際の運用については、（銀行によって扱い方に違いがあると思いますが）支店長の意見が尊重される仕組みになっていると思われます。

しかし、ここで注意すべきことは、支店長は人事権を預っているにすぎないということです。本条の「大臣是《これ》を預るべきなり」の解釈は前述しましたが、支店長の人事権は前者の解釈（権限は人事部にあり）が主であると考えます。一方、人事部も支店長が独善的・恣意的な意見を具申することはないかをしっかりチェックしているということも支店長は認識することが大事です。

支店長が部下に関する人事権について心することは、二つあります。

① 人事権を濫用してはいけません。

② 公正な評価を行わなければいけません。

具体的には、人事考課は制度・手続に従って適正に運用しなければなりません。客観的基準を無視して恣意的・感情的な考課を行ったり、事実誤認によって不当な考課を行ったり、目標管理を不適切に運用（目標値の設定を異常に高くする等）するようなことはいけません。

「倒《さかしま》に有司に授くべからず。斯《かく》の如き大事に至《り》ては、厳敷透間《きびしくすきま》あるべからず」は、「刑賞《けいしょう》与奪《よだつ》の権」を役人（部下）に授けてはいけません、このような重大なことは、厳しく手抜かりないように管理しなければいけないといっています。

2

支店長は人事権を預っているにすぎないと考え、支店長がこれを下に（支店長が副支店長や課長に）委譲する実態がないことから、この条文を特に解説する必要はないと思います。しかし、経営陣・役員の視点に立ってみるとき、人事権を預ける支店長は、人事権を預けるに適しているということをしっかり見極めているでしょうか。数的実績だけで昇進してきた支店長のなかには、人事権を預けることに不安がある人もいると思いますが……。

あえてここで書き加えておきたいことは、支店長が行う人事権（人事考課）は公正でなければならないということについてです。しかし、公正な人事考課を行うことは非常に難しいと思います。私自身、評価される立場と評価する立場を経験して、その難しさは身にしみて知っています。そこで、現役の支店長においても、人事考課の難しさをあらためて認識していただきたいと思い、以下に私の考え方を記します。

人事考課は「公正」に行わなければいけませんが、まず最初に「公正」という言葉を正しく理解するためには、「公正」と「公平」の違いについて理解する必要があります。

具体的な例で考えてみます。たとえば、目標数値の達成度に応じて、実績が高い順にA・B・Cという評価をつけるとします。その時、目標数値に対する達成率が一二〇％である甲君をBと評価することは公正ではありません。次に、乙君も一二〇％を達成している場合、甲君と乙君ともに同じBと評価することは、公正ではありませんが公平といいます。ところが、同じ一二〇％の達成率でありながら、甲君をA評価、乙君をB評価とすると、これは公平ではありません。不公平です。ここからわかると思いますが、「公平」は、二人以上の人に対して差がないことをいい、「公正」はそれぞれの対応に間違いがないかということです。

ところが、多くの銀行では成果主義を取り入れ、相対評価で人事考課を行っています。私は、このやり方では「公正」な人事考課は無理であると考えます。その理由を以下に三つ掲げますので、これを読み一緒に考えてみてください。

(1) 相対評価では公正な評価はできません。なぜならば、貢献度は正規分布するとは限らないからです。

~正規分布の考え方をもとにして、A評価二名、B評価六名、C評価二名という枠組みで評価しなければいけないとき、A評価にふさわしい実績をあげた者が五名、B評価にふさわしい者が五名という現実の場合、あなたはどのように評価しますか？　あるいは、全員が目標達成できずC評価の現実のとき、あなたはどのように評価するのでしょうか？

～甲支店のA評価と、乙支店・丙支店のA評価は同じ実績・レベルといえるのでしょうか？

(2) 元になる目標管理制度は信頼できる制度ではありません。

～本部が支店の地域状況や配置人員能力をふまえて公正に目標数値を策定したかどうかは別にしても、「質」を問われる仕事は数値化されていません。また、恥ずかしい行為や顧客に迷惑をかけて得られた数字であっても＝信用・信頼を失うことになっても、数的結果がよければ評価される仕組みになっています。

～最も大きな問題点は、半年間という短期間においては、個人の努力と結果は正比例しないということです。今期の実績は追い風や逆風という環境に左右され、前任者の影響も少なからずあります。あるいは、今期の努力が実るのは来期以降になることもあります。そして、目標値の振分けに際して、達成率を高めたいために引き受ける目標値を低く設定する者がいることです。

(3) 数字に表れない個人の発言・行動・協調性、顧客からの信頼性、あるいはコンプライアンス意識や道徳倫理観は客観的に評価されません。

～評価尺度は数字で測る結果であり、数字に表れるまでのプロセスの評価は限界があり、そこに評定者の恣意的な思惑が入り込む可能性があります。

私は、「公正な人事考課」という命題を完璧なかたちで解決できるとは思っていません。実際問題として、どの銀行においても、「なぜあの人が支店長なの?」という現実があると思います。ざっくばらんにいうならば、論理的思考力が弱い支店長、わがまま・感情の起伏が激しい等性癖に難がある支店長もいます。

成果主義や相対評価で行われる人事評価の結果が処遇にリンクする人事制度に、完璧な公正さを求めることは難しいと思います。それは、上記(1)(2)(3)の問題点を完全にクリアーにする議論が困難であることからもわかります。しかし、現実に人事考課を行わなければいけない事情もあるなか、人事考課の制度・仕組み等は、極力、公平性が保たれる内容でなければいけません。制度・仕組みが不十分であるならば、現場を預かる支店長が、上記問題意識を常にもったうえで、できる限り公正な人事考課を心がけていってほしいと願うものです。本書の「はじめに」で西郷隆盛の「西郷南洲遺訓」を紹介しました。それは、業績をあげた人には報酬で報い、支店長というポストはその地位にふさわしい見識をもつ人に与えるという考え方です。人事評価にこのような考え方が採り入れられてもよいと思います。

第10項

仕事の優先順位を考え、成功の見通しを立てる

第一〇条　政事は大小軽重《けいちょう》の辨《べん》を失ふべからず。緩急先後の序を誤るべからず。徐緩にても失し、火急《かきゅう》にても過《あやま》つ也。着眼を高くし惣体を見廻し、両三年四五年乃《ない》至《し》十年の内何々と、意中に成算を立て、手順を逐《おふ》て施行すべし。

【用語】

「辨」……「弁」の旧字。ここでは「弁別」の意→わきまえる、見分ける。

「徐緩」……「舒緩」、ゆるやかなこと。

【口語訳】

政治上やるべきことは数多くあるが、事柄の大小・軽重を見分けして、考えなければいけません。対応を早くするもの、遅くても大丈夫なものというように区別して、先にやるか後にやるかという順序を間違ってはいけません。のんびりゆっくりした対応でもいけないし、あわただしく急いでも失敗することがあります。目のつけどころを間違わず、全体を把握し

た後、二～三年、四～五年、または十年までには何とかすべきと、心のなかで成功する見込みを思い描き、計画どおりに最後まで成し遂げることが大事です。

1

「政事は大小軽重《けいちょう》の辨《べん》を失ふべからず」は、やるべきことの大小・軽重を見分けし、優先順位を考えなければいけないといっています。そして、「緩急先後の序を誤るべからず。徐緩にても失し、火急《かきゅう》にても過《あやま》つ也」と続き、早く対応をする、遅くても大丈夫か、先にやるか後にやるかという順序を間違ってはいけない、またゆっくりした対応でもいけないし、急いで失敗することもあるといっています。

仕事を行う場合、一般的にはすばやく迅速に処理することが望ましいといわれます。しかし、よく考えると、仕事の中身によっては、ゆっくり慎重に行ったほうがよいことも当然あります。また、てきぱきと迅速な処理が必要な仕事もあります。大事なことは、本条に記されているように、対応を早くしなければいけない仕事と少し遅れても大丈夫な仕事を見極めることと、どれを先に行いどれを後にしてもよいかという優先順位を決め、その順序を間違えてはいけないということです。ポイントは、重要（大小軽重《けいちょう》）なのか緊急（緩急先後）なのかという見極めです。

しかし、「忙しい」が口癖の支店長は、どれも重要で緊急にやらなければいけない仕事であると思っている節があります。緊急の仕事が重要にみえるのは、すぐに対応・処理しなければいけないと思っていることが多いのではないでしょうか。あるいは、問題を先送りして緊急になるまで対応しなかったことで重要になったのではないでしょうか。緊急かつ重要であるという仕事は意外に少ないのではないかと思います。

支店長として留意すべきことは三つあります。

① 重要度と緊急性の判断は、〝お客様の立場で考えると〜〟という尺度を優先すること。

② 緊急性が低いことでも、長期的視点で行うべき重要なこと（ＯＪＴ教育・顧客との信頼醸成・収益確保の種まき等）は忘れずに必ず行うこと。

③ 重要度（大小軽重《けいちょう》）・緊急性（緩急先後）を見極める責任は支店長にあるということ。

佐藤一斎は「言志晩録」でも次のように書いています。（『言志四録（三）』講談社学術文庫）

但《た》だ事《こと》は一端に非ざれば、則ち鄭重《ていちょう》にして期を愆《あやま》り、敏速《びんそく》にして事《こと》を誤《あやま》るも、亦之《またこ》れ有《あ》る容《べ》し。須《すべか》らく善《よ》く先《ま》ず其の軽重を慮《おもんばか》り、以て事に従うを之れ要と為すべし。

〜ただ仕事は単一ではないから、あまり丁寧過ぎて期限に遅れたり、敏速過ぎて仕損ずる事もあろう。だから宜しくその仕事の軽重を十分に考え、それから着手することが大切である。（同書一八六〜一八七頁）

2

「着眼を高くし惣体を見廻し、両三年四五年乃至《ないし》十年の内何々と、意中に成算を立て、手順を逐《おふ》て施行すべし」は、やるべき仕事は大所に立って全体を俯瞰し、中長期的に〝できる〟という計画を立てて、実行することが大事であるといっています。

口語訳で「両三年」を「二〜三年」と書きました。「両」は「二」を意味しますので、二〜三年となります。「一両日」というのは「一〜二日」というのと同じです。

支店長の支店勤務は二〜三年であることを考えると、四〜五年、十年という単位で考えることは少ないと思いますが、自分の在任期間にとどまらず、四、五〜十年先までのことを考えたうえで、在勤する支店における二〜三年の間に何をなすべきかと考えることは大変重要であると思います。

そこで、「着眼を高く」することが大事です。佐藤一斎は「言志録」で次のように書いています。（『言志四録（一）』講談社学術文庫）

著眼《ちゃくがん》高ければ、則ち理《り》を見て岐《き》せず。

〜できるだけ大所高所に目をつければ、道理がみえて、迷うことがない。（同書一一一〜一一二頁）

「岐」は〝分かれる、ふたまたに分かれる〟（岐路・分岐）という意味があり、「岐せず」は〝分かれない〟ということから〝迷わない〟ということです。

この言葉は、西郷隆盛の「南洲手抄言志録」にも収められています。

ところが、支店長が大所高所に立ち、新しい発想をもって仕事を行おうとするとき、いろいろな考えが頭をよぎると思います。〝本部方針に批判的な自分の考え方・信念を部下に話していいだろうか？〟〝本部指示に批判的な自分の考え方が本部に知られたらどうしよう〟〝自分の考えを本部は理解してくれるだろうか？〟〝非現実的なことと一笑に付されるかもしれない〟〝このやり方で目標を達成できなかったらどうしよう〟といろいろ考え、消極的に陥ってしまい、結局は「事なかれ主義」の誘惑に負けてしまう人がいます。

このように、自分の考え方で経営することを行動に移せない支店長は、対内的に同一性をもち、対外的には排他性を具有する人といえます。本部施策を疑問を感じても、批判せず、いわれたとおりに支店経営を行えば、怪我はないかもしれません。

ここで支店長はもう一度考えてください。自分の部下が事なかれ主義に陥り、いわれたことはするがいわなければ自ら行動しない、また新しい発想をもったり、新鮮な意見をいわなくなったとき、支店の業績は伸びるでしょうか？　そういう状況で支店経営はうまくいくでしょうか？部下の全員が、支店長の経営方針について、いつでも・何に対しても「ごもっとも」という状況をあなたはどのように思いますか。

第2項で「説苑」を紹介しました。

命に従って君を利する、これを順と謂ふ。命に従って君を病ましむる、これを諛と謂ふ。命に逆らひ君を利する、これを忠と謂ふ。

支店長が部下に求めることは「順」、あるいは「諛」ですか。それとも「忠」ですか。

「命令に逆らって」という言葉は言い過ぎですが、要するに、結果的に銀行のため、顧客のためになる「忠」を重要と考えるならば、「着眼を高く」ということは、支店長だけが心得ることではなく、その考えは部下にも教えるべきことと思います。

ここで誤解がないようにいっておくべきは、私は事なかれ主義を全面的に否定するものではありません。事なかれ主義という生き方の善し悪しについてはそれぞれの人の考え方次第ですし、人は皆自分の責任において生きていけばよいのですから、事なかれ主義が全面的に悪いとはいいません。

私がここで申し上げたいことは、支店長は経営者として、平穏無事に支店経営を行おうとしても、必ず予期せぬ事態・出来事は起きます。そのような場面に遭遇したとき、事なかれ主義で対応することは、経営者としての判断能力の欠如を露呈することになりかねません。すなわち、普段から支店経営において、難しい問題に直面すると現実から逃げたり、解決策を先送りしたり、部下任せにして責任逃れをしたり、異論があっても自らの意見はいわない、等々の生き方をしていると、現実に予期せぬ事態・出来事に直面すると判断力が乏しいため、どうにもうまく対応できなくなります。それでは、支店長失格です。大事なことは、経験が人間を育てるということを知り、できる限り自分に正直に生きることです。

そして、「物体を見廻し」（全体を把握し）、仕事の核心・本質を把握することが大事になりますが、支店長は次の三つの視点で考えることを心がけるとよいと思います。

① 目先の問題は短期的視点でみるとともに、将来にわたる課題は長期的視点に立ち、いまから着手する。

② 一面的にみるとともに、多面的にみる。

③ 枝葉末節まで注意深くみるとともに、根本的に深く掘り下げてみる。

次に、「意中に成算を立て」は、成功する見込みを考えるという結果を見通してから着手することを説いていています。これについても佐藤一斎は「言志耋録」で次のように書いています。（『言志四録（四）』講談社学術文庫）

凡《およ》そ人事《じんじ》を区処《くしょ》するには、当《まさ》に先《ま》ず其の結局《けつきょく》の処《ところ》を慮《おもんばか》って、而《しか》る後に手を下《くだ》すべし。楫《かじ》無きの舟は行《や》ること勿《なか》れ。的《まと》無きの箭《や》は発《はな》つこと勿《なか》れ。

〜世間の諸事を処理するには、手をつける前に、まずその事の終局の処を予め考えて、その後に手を下すべきである。舵のない船にのってはいけない。的のない矢ははなしてはいけない。（同書一一三〜一一四頁）

最後に、「意中に成算を立て、手順を逐《お》ふて施行すべし」と書いていています。ここで支店長として心がけることは、安易に「できない」という結論を出さないことです。「できない」理由をいくつも並べ立てる人がいます。もちろん、実際に無理難題に直面することがあるでしょう。そのときは、次のように考えてみてください。

①「私にはできない」→だれかに相談する、チームで対処する。

②「いまのやり方ではできない」→やり方を変える、新しい方法を考える。

③「いますぐにはできない」→できるメドを先送りし、時間をかけてやる。

このように考えれば、「意中に成算を立てる」ことが可能になると思います。仕事に向かい合うとき、簡単にあきらめたり、無理だと思わず、創意工夫する積極的な向上心が重要であると思います。

第11項 広く大きな心をもつ

第一一条 胸中を豁《かつ》大寛宏にすべし。僅少《きんしょう》之《の》事を大造《たいそう》に心得て、狭迫なる振舞《ふるまい》あるべからず。仮令《たとえ》才ありても其《の》用を果さず。人を容るゝ、気象と物を畜《たくわえ》る器量こそ、誠に大臣之体と云ふべし。

【用語】

「豁大」……「豁」は、ひらく・ひろいの意。「闊大」と同じく、広く大きなこと、大きく広げること。

「寛宏」……心のひろいこと。

「厘少」……「厘」は、わずかの意。「僅少」と同義。

「大造」……これは俗語で「大仰《おおぎょう》」の意→大袈裟であるさま。「大層」と同義。

「狭迫」……こせこせした、がつがつした。

「気象」……ここでは「気性」→生まれつきの性情、気質。

【口語訳】

心は広く開け放しなさい。些細なことを大袈裟にとらえたり、こせこせした振る舞いをしてはいけません。（そのようなことを行う人は）たとえ才能があったとしても、その才能は役に立っていません。人を受け入れる気性と、金銭・品物・体力等を後の用のためにためておく才能こそ、本当の意味で立派に執政を行う者というにふさわしいといえます。

1

「胸中を豁《かつ》大寛宏にすべし」は、重職たる者は、心は広く寛大でなければならないといっています。

現在は「寛容」という言葉がよく使われますが、「寛容」は明治時代に翻訳された単語です。そもそもは、近世ヨーロッパで生み出された概念で、宗教対立において、積極的に相手を尊重するのではなく、異端信仰という罪悪をやむをえず容認する行為、すなわち仕方なく許容することが「寛容」という言葉の語源です。

したがって、佐藤一斎の時代には「寛容」という言葉はなく、「胸中を豁《かつ》大寛宏にすべし」は、まさしく胸襟を開き、心も広く開け放すことをいいます。これは広く意見を聞く耳をもつことが必要であるということを意味しています。

2

「釐少之事《きんしょうのこと》を大造《たいそう》に心得て、狭迫なる振舞《ふるまい》あるべからず」は、ちょっとしたことを大袈裟に大仰に騒ぎ立てたり、こせこせした振る舞いをしてはいけないといっています。

要するに、上に立つ者は、小さなことで目くじらを立てるような度量の狭い態度はとるべきではないということです。このような態度をとる支店長の下で、部下は積極的に意見をいってくることはありません。

「仮令《たとえ》才ありても其用《そのよう》を果さず」は、たとえ才能や知識をもっていても、「胸中を豁《かつ》大寛宏にできず」「釐少之事《きんしょうのこと》を大造《たいそう》に心得て、狭迫なる振舞《ふるまい》をする」と、支店長の職分を果たすことはできませんということです。

呂新吾は「呻吟語」（品藻篇）で次のように書いています。

心平《こころたい》らかに気和《きやわら》ぎ、而《しか》して強毅《きょうき》にして奪うべからざるの力《ちから》あり。公《こう》を乗《と》り正《せい》を持《じ》し、而《しか》して円通《えんつう》にして拘《こう》すべからざるの権《けん》あれば、以って人品《じんぴん》を語るべし。（『新訳呻吟語』PHP研究所・一二六頁）

～平静で穏やかな態度のなかに強い意志を秘め、どっしりした力にあふれている。私利に走らず正しい道を歩みながら、柔軟な処世で臨機応変に対応する。これなら申し分のない人物といえよう。

「円通」は、仏教用語「周円融通」の略で、〝智慧によって悟られた絶対の真理は、あまねくゆきわたり、その作用は自在であること〟という意味から、ここでは〝柔軟な処世で臨機応変に対応する〟と訳しています。

3

「人を容る、気象と物を畜《たくわえ》る器量こそ、誠に大臣之体と云ふべし」は、人を快く受け入れる性格と、どんなことにでも対応できる器量をもっている人こそ、真の意味で大臣というにふさわしいといえるということです。

「人を容れる」ということは、他人の意見を聞き入れることだけにとどまりません。いろいろな性格をもつ人、能力の違い（差）がある人、欠点がある人、等々のすべてを「人」として表わし、「容る」は「中に収める」ことを意味します。すなわち、支店にいるすべての人はどんな人でも経営の所与の与件として考えるべきということです。支店長は支店にいるすべての人を包容する寛大な心と、どんなことでもしっかりと受け止める度量をもつことが大事です。

支店長の中には、自分に批判的な部下や、能力・実績が劣ると思う部下は〝(当店の戦力として)いらない〟という人がいます。人事的に交代できない場合は、戦力としてあてにしていないという支店長がいます。しかし、第二項でみたように、自分に批判的な部下がいても、遠ざけることはせずに、その意見に素直に耳を傾ける度量をもつこと、そして議論することが大事です。能力・実績が劣ると思う部下がいても、レベルアップする指導・教育を行うことが大事です。それが支店長の仕事であり、力量が問われるところです。

「物を畜《たくわえ》る」の「畜《たくわえ》」は「蓄」と違います。草冠がない「畜《たくわえ》」は「家畜」「牧畜」「畜産」という単語、草冠がある「蓄」は「蓄積」「蓄財」「備蓄」「貯蓄」という単語があります。どちらも「たくわえる」という意味があり、口語訳のところでは、「畜《たくわえ》る」を「蓄財」「備蓄」としてとらえ、〝金銭・品物・体力等を後の用のためにたくわえる〟と書きました。

また、「畜《たくわえ》」は「やしなう」(動物を飼育する)という意味もあります。この文章の、「畜《たくわえ》る」は「人を容るゝ気象」と「物」の両方であると考えるとき、「人を容るゝ気象を畜《たくわえ》る」ということは、〝人を受け入れる気性をやしなう〟という意味に置き換えることもできると思います。それは、〝どんな人でも受け入れる気性だけではなく、受け入れた人はどんな人でも養い育てるという器量〟=〝欠点があれば正し、長所があれば伸ばすこと〟こそが真の指導者であると佐藤一斎はいっているように思います。

4

ここで「器量」という言葉について触れておきたいと思います。

第七条に「小量」という言葉があり、「度量」と「器量」について簡単に触れましたが、あらためて「器量」について考えたいと思います。まず、それぞれの意味（〜広辞苑による）は次のとおりです。

○「小量」……度量が狭いこと。狭量。
○「度量」……心が広く、人をよくうけいれる性質。
○「器量」……その地位・役目にふさわしい才能・人柄。

どれも目にはみえない、数字では測ることができない心の問題です。「度量」と「器量」の違いは、「度量」が他人の意見を取り入れ、他人を許すという心の広さがある場合に使い、「器量」はもっと広い意味で人格識見の高さをもつ場合に使います。すなわち、「度量」は時として〝清濁併せ呑む〟ことも許す心の広さであるといい、「器量」は知識・能力・態度全般のレベルが高い人格を備えている様を指して使われます。

佐藤一斎は「言志晩録」で次のように書いています（『言志四録（三）』講談社学術文庫）。

小才《しょうさい》は人を禦《ふせ》ぎ。大才《たいさい》は物を容《い》る。小智《しょうち》は一事に耀《かがや》き、大智《たいち》は後図《こうと》に明かなり。

〜小才の人は他人を容れずにこれを防いで行くが、大才の人はよく他人の意見を容れてゆ

く。小さな智恵は一時は輝くことがあるが、大きな智恵は後世にまで残る計画を明らかに確立する。（同書二七二頁）

「禦《ふせ》ぎ」の「禦」は〝さえぎ守る〟〝災いが及ばないようにする〟という意味、現代表記では「御」と書き、「防御」「制御」と使われています。

ここで、小才を知識、大才を見識として読むと、知識だけの人は自分を守るために他人の意見を拒絶するが、見識ある人は意見だけでなく人（注）も受け入れる器量があるといいます。

（注）「物を容《い》る」の「物」は、天地間にあるいっさいのものの意があり、「生物」＝「人」も「物」として表していると考えます。

そして、小才から発する智恵を小智、大才から発する智恵を大智とすれば、知識は一時的な成果をあげ、見識は後世に残る成果をあげ、それは器量の差～すなわち、知識人は器量が小さく、見識人は器量が大きいといっています。

呂新吾の「呻吟語」（治道篇）には次のような言葉があります。

人の上たる者は、最も器局《ききよくしよう》小に、見識俗《ぞく》ならんことを怕《おそ》る。（『新訳呻吟語』一四六頁）

～人の上に立つ者として、最も好ましくないのは、器量が小さいことと、見識の低いことである。器局とは、器量とほとんど同じ意味で、仕事のできる能力と人間としての器の大きさを指す言葉です。

第12項

謙虚に他の意見に耳を傾ける

第一二条　大臣たるもの、胸中に定見ありて、見込《みこみ》たる事を貫き通すべき元《もと》より也。然れども又虚懐公平にして人言を採り、沛然《はいぜん》と一時に転化すべき事もあり。此《の》虚懐転化なきは、我意《がい》之弊《へい》を免れがたし。能々《よくよく》思察あるべし。

【用語】

「虚懐」……「虚心坦懐」、なんのわだかまりもなく、心に隠しもつことがない。

「人言」……世の中の人の言葉。

「採《と》り」……「采」は、とる＝採る。

「沛然」……盛大なさま。大雨が降るようす。

「我意」……自分の考えを押し通そうとする気持ち。わがまま。

「弊」……疲れること、衰えること、よくないこと、習慣的な悪さ。

【口語訳】

執政する者は、胸のなかにしっかりとした自分の考えをもち、実現すべき計画を有言実行することは当然です。その際、何かにとらわれることなく、平静な態度で人の意見に耳を傾け、なるほどと納得するものであればその意見を採用し、思い切って自らの考え方を翻すことがあってもよいと思います。このように、自分の考え方を柔軟に変えることができないような人は、自分の考え方を押し通すという悪弊から脱することはできません。その点をよく考えてください。

1

「大臣たるもの、胸中に定見ありて、見込《みこみ》たる事を貫き通すべき元《もと》より也」は、自分の考え、揺るぎない信念をもち、立てた計画は実現に向けて実行することは当然であるということです。

支店長でありながら定見をもたない人がいます。支店長として上に立つ人は、しっかりとした自分の意見や考えをもたなければいけません。そのとき次第でどちら側の意見にも「そうですね」といって従う人のことを「二股膏薬」といいます。内股に貼った貼り薬が歩くうちに左右の足につくことから、定見なく、あっちへついたりこっちへついたり、軸がぶれ、節操がない人のことをいいます。また、しっかりした主義・主張をもっていないため、他人の意見にたやすく同調することを「付和雷同」といいます。

支店長の定見が、本部や役員の意向とあわない場合、あるいは支店内の会議において部下の多くの意見とあわない場合、あなたはどうしますか？　それについて、佐藤一斎は次のようにいっています。

2

「然れども又虚懐公平にして人言を采り、沛然《はいぜん》と一時に転化すべき事もあり」～これは、自分の定見にあわないとき、冷静に客観的に人の意見を聞き、それが正しく納得するものであれば、その意見をとり、自分が意見を変えたり、自ら下した決定を変更することはかまわないということです。自分の考え方に間違いがあった、あるいはよりよい意見に接した場合、自分の過ちを素直に認めるには勇気が必要です。

人は意見がぶつかってしまうと、つい相手を言い負かそうとしてしまいます。しかし、支店長の職にあるならば、〝みんなにとって・支店にとって・取引先にとって、どうなることが・どうすることが最善か〟というポイントに向かうのであれば、自分の意見を気持ちよく取り下げるくらいの度量をもたなければいけません。

支店長は、自ら自信をもった考えに基づく方針や施策を打ち出した場合でも、必ず部下の意見を聞く〝傾聴の姿勢〟が大事です。そのとき大事なことは「虚懐公平」の姿勢です。〝虚心坦懐かつ公平〟にということは、先入観にとらわれたり、予断をもって聞いたり、鵜呑みにしてはいけないということです。支店長の立場では気づかないことや、細かいこと、あるいは見逃していたことが、部下の指摘により気づくことがあります。それは喜ぶべきことであり、支店長が恥ずかしいと感じたり、怒る理由にはなりません。大事なことは、支店長のプライドではなく、方針や施策がよりよくなることです。

佐藤一斎が生きていた武家社会で「体面」とか「面子」が重んじられるなか、この言葉には相当な重みがあります。銀行という階層社会においても、そういう意識が働くかもしれませんが、大事なことはプライドではなく、求められる結果の良し悪しです。

自らの考えを改めるには勇気がいるということを、「沛然《はいぜん》と一時に転化」という言葉で表現しています。「沛然《はいぜん》」とは〝大雨が激しく降るようす〟で、それが瞬時に雨がやむ状態に変わる（＝転化）ほど大変であるといいたいのかと思います。

西郷隆盛は『西郷南洲遺訓』（岩波文庫）で次のようにいっています。

古より君臣共に己れを足れりとする世に、治功の上りたるはあらず。自分を足れりとせざるより、下々の言も聴き入るゝもの也。己れを足れりとすれば、人己れの非を言へば忽ち怒るゆゑ、賢人君子は之を助けぬなり。（同書一二頁）

～昔から、君主と家来が自分たちは完全なものだと思って政治を行った時代にうまく治まった時代はない。自分にはまだ足りないところがあると思う態度があって初めて民衆のいっていることを聞き入れるものなのである。自分が完全だと思えば、人が自分の欠点を言い立てるとすぐに怒ることになってしまう。だから、賢人君子という人は、そういう人の味方はしないものなのである。

3

「此《の》虚懐転化なきは、我意之《がい》弊《へい》を免れがたし。能々《よくよく》思察あるべし」は、他の意見を取り入れて変える勇気がないと、わがままを押し通す落とし穴に落ち込んでしまうので、よくよく考えてみなさいということです。

「我意」は〝自分本位の考え、わがまま〟の意味で、「我意を通す」という使い方をします。また、「我執《がしゅう》」は〝自分だけの狭い考えにとらわれる〟という意味で、「我執のかたまり」という使い方があります。

要するに、支店長として自分の考えに間違いはないと思い込み、部下の意見に聞く耳をもたないことは、〝支店長のわがまま〟と受け取られることになるので、よく考えなさいということです。

支店長は部下の意見を聞かなければいけません。時には、「支店長の考え方は間違っています」「支店長のやり方はこうしたらもっとよいと思います」という意見が出て、「なるほど、それはもっともだ。では、そうしよう」という会話ができる支店は、ムードはよく、コミュニケーションも図られ、チームとしての協調・協力が上手で業績面によい影響を与えるはずです。言い換えると、支店の衆知が集まるということです。支店長は必ずしも全知全能ではありません。

佐藤一斎は「言志晩録」で次のように書いています（『言志四録（三）』講談社学術文庫）。

独得《どくとく》の見《けん》は私《わたくし》に似《に》たり。人其《ひとそ》の驟《にわか》に至るを驚く。平凡の議《ぎ》は公《おおやけ》に似たり。世其《よそ》の狃《な》れ聞くに安んず。凡《およ》そ人の言《げん》を聴くには、宜《よろ》しく虚懐《きょかい》にして之《これ》を邀《むか》うべし。苟《いやし》くも狃《な》れ聞くに安んずる勿《な》くば可《か》なり。

～独特の見識見方というものは、個人の偏見のように見えるものである。それで人々は今まで聞いたことのないものを突然聞くので驚いてしまう。これに反して平凡な議論というものは、あたかも公論のように受けとられがちである。世間の人々は聞きなれていて安心しきっているからである。すべて人の言を聴く時には虚心坦懐、即ち心をからっぽにして受け入れるべきである。かりにも耳なれた説ばかりをよしとして、これに安んじていなければ結構である。（同書七一～七二頁）

支店長の中には、変わり身の速さについて否定的なイメージをもつ「君子豹変」という言葉を持ち出し、急に意見を変えることに抵抗感をもつ人がいるかもしれません。しかし、「君子豹変」という言葉の本来の意味はプラス的なイメージの言葉です。

原文は「君子豹変、小人革面」とあり、「君子は豹変す、小人は面《おもて》を革《あらた》む」と読みます。意味は、〝立派な人物は、自分が誤っているとわかれば、豹皮の斑点が黒と黄ではっきりしているように心を入れ替え、誤りを正す。しかし、つまらぬ人間は外面は変えたようにみえても中身は全然変わっていない〟ということです。「革」は〝あらたまる、あらためる〟と読み、革新・革命・変革という言葉で使われます。

論語には「過ちては則ち改むるに憚ること勿れ」という有名な言葉があります。自分が誤っていると悟ったならば、躊躇なくすぐに改めるべきであり、いたずらに体面や人の思惑を考えて、改めることを恐れてはいけない～という教えです。

支店長は「我意之弊」について「能々思索あるべし」です。

第13項

信と義を貫く

第一三条 政事に抑揚《よくよう》之《の》勢《せい》を取る事あり。有司上下に釣合《つりあい》を持《もつ》事あり。能々《よくよく》辨ふべし。此《の》所手に入《り》て、信を以て貫き義を以て裁する時は、成し難き事はなかるべし。

【用語】

「抑揚之勢」……抑えたり揚げたりすること。音程の高低、文章の起伏などに用いる。ここでは、時勢につれて行動することをいっている。

「信」……信実、真面目でいつわりがないこと、正直。

「義」……人間が行う正しい筋道、道理。

「裁」……是非善悪を判断して決める。ほどよく処理する。

【口語訳】

政治上の事柄は時勢につれ、状況によって、抑えたり、揚げたり、調子をとるように行動することがあります。役人は、上司と部下の間でバランスを保つ必要があります。そのことはよくわきまえておきなさい。このことを十分に心得たうえで、最初から最後まで正直に、人として正しい道理によって判断するならば、できないということはないはずです。

1

「政事に抑揚之勢《よくようのせい》を取る事あり」は、政治は生きものであるということです。「抑揚之勢《よくようのせい》」とは、押したり引いたりという〝駆け引き〟もあり、その時々の状況にあわせて仕事を行うという意味に解釈できます。

銀行が業務を行うに際し、金融庁が行う行政・指導は〝時勢〟の変化といえます。個々の銀行においては、時勢の変化やマーケットの状況に即して積極的な攻めの姿勢をとるか、手綱を引き締めた業務運営を行うかという政策に違いが出ると思います。支店運営においても、地域経済や取引先の業績に変化があります。そのような状況判断をすることなく、数的目標を達成するために、いつも〝行け行けドンドン〟と猪突猛進の進軍ラッパを吹き続けている支店長では困ります。

2

「有司上下に釣合《つりあい》を持事《もつ》あり。能々《よくよく》辨ふべし」は、上司と部下の間でバランスを保つ必要があるということです。具体的には、支店長としては部下の意見を聞き、良好なコミュニケーションを図り、公正に納得できる決断を行うことが重要であるといっています。上下の関係とバランスをわきまえることが大事であるということです。そのためには、支店長は部下の能力・才能を正確に把握し、見極めることが必要かつ重要になります。

これについて、佐藤一斎は「言志後録」で次のように書いています（『言志四録（二）』講談社学術文庫）。

人才に虚実有り。宜しく弁識すべし。

〜人の才能には虚と実とがある。このことをよく弁《わきま》え識《し》ることが必要である。（同書二四五〜二四六頁）

「虚」とは、表向きは才子らしいが、内容はお粗末で実際は役に立たない者、「実」は、内容が充実していて、実際に役に立つ者～ということです。才能の虚なることを見誤って重用し失敗する例はたくさんありますので、人を見誤らないように注意することが必要であるということです。

3 「此所《の》手に入《り》て、信を以て貫き義を以て裁する時は、成し難き事はなかるべし」の、「此所《の》手に入《り》て」は、〝この勘所を身につけて〟という意味です。「信を以て貫き義を以て裁する」は、〝正直を貫き、道理によって判断する〟という意味で、ここの重要なポイントは、「信を以て貫き義を以て裁する」の「信」と「義」についてを正しく理解することです。

漢和辞典で「信」の字を引くと、字義の、まこと・まごころ・うそいつわりがないという意味から「信義」という語があり、本当だと判断して疑わないという意味から「信用」「信頼」「信憑」「確信」という語があります。

「義」とは、人としての道に適っているという意味から、「意義」「信義」「大義」「道義」という語があります。

佐藤一斎は「義」について、「言志耋録」で次のように書いています（『言志四録（四）』講談社学術文庫）。

義《ぎ》は宜《ぎ》なり。道義を以て本《もと》と為す。物に接するの義有り。時に臨むの義有り。常《じょう》を守るの義有り。変に応ずるの義有り。之《こ》れを統《す》ぶる者は道義なり。

〜物事の正しい道理を義というが、この義は丁度事の宜しきに適う意味の宜にも通じ、道理の義が本である。物事に対処するのに宜しきを得る義もあれば、また時に臨んで宜しきを得る義もある。平常を守り宜しきを得る義もあれば、変に応じて宜しきを得る義もある。これらすべてを統率するものは道理の義である。(同書一〇一〜一〇二頁)

すなわち、いろいろなかたちで現れる「義」というものの大本には「道義」があるといっています。

その「信」と「義」の関係については、「論語」(衛霊公第十五—17)で次のように書かれています。

義を以て質と為し、礼を以て之を行い、孫を以て之を出だし、信を以て之を成す。

〜これは、「正義を根本とし、礼に従って行動し、謙遜の心で発言し、誠実さで自分を完成させる」という意味です。

そのような心をもって判断する(裁する)ならば、物事の対処において難しいことはない(なしがたきことはなかるべし)ということです。

第3項で紹介した大丸の下村家の家訓である「先義後利」は元文元年(一七三六年)に定められました。これは「義を先にして利を後にする者は栄える」という荀子の言葉から引用しています。「義」は「天に恥じない行い」を意味し、義に徹すれば利はついてくるという考え方です。

「先義後利」は、「利益は二の次」ときれいごとをいっているように聞こえますが、これは事業における道義の大切さを強調する言葉であり、企業本来の役割を示すものと考えます。

第14項 まっとうな経営を行う

第一四条 政事と云へば、拵《こしら》へ事繕《つくろ》ひ事をする様《よう》にのみなるなり。何事も自然の顕れたる儘《まま》にて参るを実政と云ふべし。役人の仕組事《しくむこと》皆虚政也。老臣など此風《のふう》を始むべからず。大抵常事《じょうじ》は成《なる》べき丈《だけ》は簡易《かんい》にすべし。手数《てかず》を省く事肝要なり。

【用語】

「拵」……こしらえる→あれこれとはかりめぐらすこと。

「繕」……つくろう→よそおう、飾り立てる。

「顕」……あきらか・あらわれる→「顕在化」「顕彰碑」「顕微鏡」

「実政」……うそ偽りがない政治。

「虚政」……役人のこしらえごとや繕いごとから出た政事。
「丈」……それだけ→そのことだけ。

【口語訳】

政治を行うというと、謀りごとを目論んだり、言いつくろったりして、うまく治めたように装うことが仕事のようになっています。しかし、政治は人為的・作為的に行うことなく、おのずからなる展開のままに行うことを実政といいます。役人が企てることはすべて中身がないことばかりです。家老等の重臣は、このような前例をつくってはいけません。ほとんど多くの日常的な決まり事はなるべく簡単にすませるべきです。余計な手間は省くことが大事です。

1

「政事と云へば、拵《こしら》へ事繕《つくろ》ひ事をする様《よう》にのみなるなり」は、政治といえば、「拵《こしら》へ事繕《つくろ》ひ事」（でっち上げ・言い訳・言い逃れ）が政治の仕事のようになっているさまを皮肉っています。

支店経営においても、実績が目標に届かない場面で、目標達成率を高めるために恥ずかしい行為を行って数字をつくり、その行為を正当化したり、部下の能力不足を嘆いたり、本部に対して言い訳をしたりする支店長がいます。

「拵える」は、〝ことばをもって相手をこちらの思うようにさせる〟〝目的にかなうよう手段をめぐらす〟（広辞苑）という意味があります。

「繕う」は、〝ととのえる・修繕する〟という意味もありますが、ここでは〝とりなす・うまくおさめる〟という意味で使われていると思います。

「拵《こしら》へ事繕《つくろ》ひ事をする」政治のことを「虚妄政治」といい、根本の矛盾をばれないように覆い隠す役人の習性を厳しく突いています。

銀行に置き換えて考えてみれば、支店経営において、役員や本部に対していい子ぶるために、本質的とはいえない数字づくりで実績を飾り立て、うまくいっているように装う報告を行う態度がそれに当たるかと思います。

自ら支店経営を省みるとき、「拵《こしら》へ事繕《つくろ》ひ事をする」ようなことに思い当たりませんか。業績不振の要注意先に対して、借入申出に応じる考えはないのに「検討してみる」といい、取引先から質問や調査の頼まれごとをほったらかしにしているのに「慎重に検討しています」ということは「拵《こしら》へ事繕《つくろ》ひ事」ではないでしょうか。

期末日の貸出残高を大きくみせるために、親密貸出先に対して、期末日をはさむ数日間の短期借入を頼むことはまさにそれです。これは決算数値の粉飾であり、度を越えた「拵え事繕ひ事」＝「恥ずかしい行為」といえます。

2

「何事も自然の顕れたる儘《まま》にて参るを実政と云ふべし」は、人為的・作為的に行うことなく、自然の展開のままに行うことを実政といっています。

支店経営においては、部下の意見に本気で向き合い、誠実に対応し、道理で考え、道義的に処理すること、また数的実績が目標数値に未達であっても素直に向き合うことが「実政」ということです。

支店長は、あらゆることに対して正直でなければいけません。そして物事への対応・処理については、素直に誠実でなければいけません。支店長は八方美人であってはいけません。あっちにもこっちにもよい顔をするのではなく、支店長は自らの哲学・信念を曲げることなく、正しいと思うことを主張することが大事です。

しかし、世の中は、必ずしも正しい意見や考えが支持されるとは限りません。論理的に正しいということがわかっても、人は理屈だけでは動きません。理詰めで責められると、人は感情的に意固地になるときがあります。「真実は劇薬、うそは常備薬」という言葉があります。人を動かすとき、正論・論理的であることは重要でありますが、それだけではなく、「なるほど」「そうだよな」と思わせるに至る説明も上手にできなくてはいけません。

3

「役人の仕組事《しくむこと》皆虚政也。老臣など此風《のふう》を始むべからず」は、役人がつくりだす仕事のほとんどは不必要なものばかりで、重職の地位にある者はこれをまねてはいけませんといっています。

江戸時代の藩政においては、家老のほうが役人より上の地位にありますが、これを銀行でイメージするとき、役人という言葉は部下というより、本部にいる者を想定するほうが現実的かと思います。そのように考えるとき、この文章からは次のようなことを知らなければいけません。

すなわち、支店経営に携わる支店長は、本部の者が考える政策・施策のすべてが正しいと思い込む必要はないと考えます。もちろん、本部を悪者扱いするつもりは毛頭ありません。本部は銀行を経営する役員の意向をふまえて、銀行全体が進むべき方向性や目標を考え、そして施策を立案する重要な役割があります。しかし、本部が縦割り主義的な発想で動くことも事実かと思います。

大事なことは、地域に支店を置き、顧客と向き合って、現場・現実・現状を知る最前線にいる支店長の考えと、本部に居て、机に座り、頭の中で考えたこととは、時としてズレがあることもあります。本部が考える施策は論理的にはごもっともかもしれませんが、真に「顧客第一」「顧客満足」に資するものであるか、銀行の信用・信頼につながるものであるか、ということを顧客目線で支店長が検証を行い、本部に意見しなければいけません。

支店は本部に従属する組織ではありません。支店長は、〝長いものに巻かれろ〟(=本部のいうことを聞き、本部がいうとおりに動けばよい)という発想だけではいけません。支店経営のポリシーをしっかりともたなければいけません。

4

「大抵常事《じょうじ》は成《なる》べき丈《だけ》は簡易《かんい》にすべし。手数《てかず》を省く事肝要なり」は、たいていのことはなるべく簡単にすませ、余計なことは省くことが大事であるといっています。

銀行においては、通常の事務処理はマニュアルのとおりに行わなければいけません。マニュアルより便利で簡単かつ早くできる方法があるからといって、必要な書類の徴求を省いたり、親しく見慣れた顧客だからといって、マニュアルを逸脱する事務処理を行うことは絶対に許されません。

また、面倒だとか煩わしいという理由で正式な決裁を得ることなく、あるいは権限がないのに物事を処理することは、コンプライアンス違反になります。

ここで「簡易にすべし」という言葉の意味は、報告書の類を簡略化または廃止できないかとか、書面を交付することによって口頭での説明を省けないかとか、会議・打合せの時間を短縮させるとか、専決権限の代理決裁を認める等々のことをイメージし、実現できることから始めたらよいのではないかと考えます。

「簡易にすべし」とは、あくまでも現行ルール（専決権限・マニュアル等）を遵守することが前提にあり、そのうえで、現行ルールを見直し、より効率化・合理化・簡素化できないかという視点でとらえなければいけません。

「手数を省く」も、跳梁跋扈《ちょうりょうばっこ》を許すことではありません。形式主義に陥っていないか、繁文《はんぶん》縟礼《じょくれい》になっていないか、ということを常に考えて仕事を行うべきです。仕事のための仕事という類は省かれて然るべきという考え方をもつことが必要かつ大事であるということです。

新しいことを行うためには、不要な仕事を減らさなければ、仕事は増えるばかりです。不要と思われる仕事、形式的な仕事等は、部下から意見を聞き、常時見直すことが大事です。本部宛の報告や取引先から徴求する資料・書類等を、「簡易に」「手数を省く」ことができないか考えてみてください。効率化・合理化・簡素化を図ることは経営において重要なことです。コストや時間の削減につながる大事なマネジメントであると知るべきです。

安岡正篤氏は、「省く」の「省」の字について次のように書いています。

役人という者はとかくむだが多い、馴れて省みなくなる。ごたごたと仕事を複雑にする。そこで省みて省かなければならないというので役所の名前に「省」の字をつけた（安岡正篤『佐藤一斎「重職心得箇条」を読む』致知出版社・六四頁）

第15項

口を慎む・本音と建前

第一五条　風儀は上より起るもの也。人を猜疑《さいぎ》し陰事《いんじ》を発《あば》き、たとへば誰に表向《おもてむき》ケ様《かよう》に申せ共《ども》、内心はケ様なりなどと、掘出す習《ならい》は甚《はなは》だあしゝ。上に此風あれば、下《しも》必其《ずその》習となりて、人心に癖《くせ》を持つ。上下とも表裡《ひょうり》両般之心ありて治めにくし。何分《なにぶん》共此六《このむつ》かしみを去り、其《その》事の顕れたるまゝに公平の計ひにし、其《その》風へ挽回したきもの也。

【用語】

「風儀」……身のこなし、生活態度、風習、行儀。

「陰事」……「隠事」かくしごと。

「六かしみ」……むつかしみ＝難しい

【口語訳】

日頃の生活習慣や身のこなし方などは、上の人が行うことをまねすることから始まるものです。人を嫉妬し疑って隠し事を暴き、表向きはだれだれにこういっているが、本当はこうであるなどと、掘り出す癖はきわめて悪質でよくないことです。上に立つ者がこのようであれば、下の人たちもこれをまねして、多くの人はそのような悪弊をもつようになります。上に立つ者も、下の者も態度や言葉に裏表があっては国を治めることは難しい。なんとかして、このような面倒なことはなくして、表れたことをそのまま公平公正に扱って、悪しき習慣をよい方向へ導きたいと考えます。

1

「風儀は上より起るもの也」は、「風儀」は組織の上の者から生まれるといっています。

「風儀」とは、〝ならわし・風習・行儀・作法〟(広辞苑)のことです。

銀行に限らず、組織の中にいる人間はどうしても自分が所属する組織に影響されて育っていきます。「朱に交われば赤くなる」という言葉があります。その意味は、〝人はかかわる相手や環境によって良くも悪くもなる〟というたとえです。

良いことも悪いことも、上からの影響が大きいことは事実かと思います。「子供は親の背中をみて育つ」といわれますが、部下は支店長の背中をみています。特に、支店長が行う悪いことに関しては、部下はそれをみていて、「そこまで許される」と思い、その悪しき風習は組織に蔓延することになります。

ロシアには「魚は頭から腐る」という諺があるそうです。魚でも組織でも、腐るときは尻尾からは腐りません。腐るとすれば頭から腐るのが世の常です。「組織は頭から腐る」ということは、トップが腐ればそれは部下にも及ぶということです。支店において新人に端を発し支店組織が腐り始めることはありません。支店長の考え・発言・行動・所作等に誤り・間違いがあるとき、部下はそれをみて、少なからず影響されるということを、支店長は重く受け止めて考えなくてはいけません。

「かたちは心を動かす。心はかたちに表れる」といいます。支店長の姿や心は、部下に敏感に伝わります。部下が感心し感動するような所作を支店長は心がけなくてはいけません。

「論語」に次のような話があります。「顔淵」第一二に、「子欲善而民善矣。君子之徳風也。小人之徳草也。草上之風必偃」（子、善を欲すれば、民善ならん。君子の徳は風なり、小人の徳は草なり。草、之に風を上うれば、必ず偃す）という言葉があります。

意味は、〝あなたが善を欲しさえすれば、民はみんな善になります。上に立つ者の徳は、たとえてみれば風のようなものであり、下にいる者の徳は草のようなものです。善の風を吹きかければ善になびき、悪い風を吹きかければ悪いほうへなびくものです〟ということです。

「風儀は上より起るもの也」を翻って解釈すれば、支店長の発言・行動・所作等は部下に影響を与えるということであり、これを知れば、支店長は発言と行動に注意を払わなければいけないということです。だからこそ支店長は王道を歩み、正しい支店経営を行わなければいけないということです。

2

「人を猜疑《さいぎ》し陰事《いんじ》を発《あば》き、たとへば誰に表向《おもてむき》ケ様《かよう》に申せ共《ども》、内心はケ様なりなどと、掘出《ほり》す習《ならい》は甚《だ》あしゝ」は、人を疑い、人の陰口をたたき、たとえばだれだれは表向きではこういっているが、腹の底ではこう思っているということを話すことはよくないといっています。

この条文の「陰事を発き」ということは、たとえば、会議の場で支店長の指示に〝わかりました〟と同意したX君について、後日、Y君が支店長に〝実はX君はあの指示に反対なんですよ〟というようなことです。

「口は災いのもと」といいます。特に悪意があっていったわけではないにしても、支店長がX君をみる目が変わってしまうかもしれません。

銀行という組織社会の中でこのようなことは度々あると思います。所謂「告げ口」という行為です。このような行為を意図的に行う人は少ないと思いますが、現実的にはよくある話です。たとえば、支店長が顧客のところで何気なく副支店長や課長のことを話したとします。もちろん、当人を褒め称える話であれば問題ありませんが、能力や性格上の悪口や問題点について話したことが、顧客から副支店長や課長の当人に伝えられてしまうケースがあります。副支店長や課長の気持ちはどうでしょうか。この逆もあるでしょう。副支店長・課長・担当者が顧客のところで、〝うちの支店長は……〟と話したことが、顧客から支店長の耳に入ることもあるでしょう。顧客から「○○さんが支店長の悪口をいっていたよ」といわれたらどうでしょうか。

「上《かみ》に此風《このふう》あれば、下必其習《しもかならずそのならい》となりて、人心に癖《くせ》を持つ」は、上に立つ者にこのような風習があると、必ずそれは下の者の風習になって、だれもが悪習を身につけてしまうということです。

人の陰口や悪口を他人に告げ口することはよくありません。また、告げ口を聞いた人がそれを暴露することもいけません。まして、事実に反する誹謗中傷をいうことは犯罪になります。人間関係において悪口をいいたくなる気持ちになることがあることはわかります。わかりますが、これは絶対にやってはいけません。この種の話は、めぐりめぐって必ず本人の耳に入ってしまうものです。

ただし、その人を褒めることをすると、それもめぐりめぐって本人の耳に届き、人間関係を良好にするとともに、信頼の絆を深めることにつながります。

「役員A氏はすごい。お客さんの前で○○について、お客さんが理解できるようにわかりやすく説明できて、感心した」「役員A氏をお客様のところへお連れすると、後日、どの社長さんも口をそろえてA氏の博識さと誠実な人柄を褒める」……ということを、支店長がだれかに話したとすると、必ずといってよいほど役員A氏の耳に届くものです。

役員A氏は、一支店長がこういっていた」ということを耳にしたとき、決して悪い気にはならないでしょう。それは、部下に対しても同じです。支店長がこう話していたということを聞いた当事者は、嬉しく感じるとともに、支店長のためには頑張ろうという気持ちになるはずです。それは、信頼口座の残高を増やすことになり、人間関係を良好にするとともに、絆が強まります。

逆に、支店長が、「役員B氏はダメだね。お客さんから質問されても、〝後で支店長から答えさせます〟というばかりで、私も困ったよ……」「役員C氏は、役員B氏の悪口をいってたよ。頭取にゴマをする度が過ぎるといっていたよ」……ということも、支店長がだれか（取引先・部下）に話したとすると、これも回りまわって役員B氏、C氏の耳に入ると思います。その結果、当事者同士の人間関係のみならず、〝あの支店長は口が軽い〟という評判が立つかも知れません。

支店長が部下の悪口をいう場合も、部下にその内容がもれ、当事者である部下は落ち込み、人間関係や支店内のムードにも悪影響を与えることになります。

支店長は、役員・本部・部下・顧客等に関して、決して陰口や悪口をいってはいけません。また、支店長に対して、そういうことをいってくる部下がいたら、それをたしなめ、指導することが肝要です。いってくる内容が正しい指摘であり、あるいは多くの人が認める内容であっても、支店長は安易に「そうだね」「自分もそう思っているよ」という軽口を叩くことはよくありません。支店長が「そのとおり」という言葉や態度を示すと、それが「支店長もこういっていたよ」というふうに伝わるものです。

部下の話の内容が支店経営をよくすることにつながる情報である場合、支店長は聞く耳をもちますが、それはだれから聞いた話であるということも自ら口外しないように心がけることが肝心です。

ここでいう陰口や悪口は、その人の人格や能力を辱め、貶める内容のことを指します。完璧な人間はいません。だれもが能力・性格に欠点をもっています。そういう自分が他人の欠点をあげつらうことはできません。

3

「上下とも表裏《ひょうり》両般之心ありて治めにくし」は、上に立つ者も、下の者も態度や言葉に本音と建前があってはまとまりがなくなってしまうことを懸念しています。

これに続いて、「何分《なにぶん》共此六《のむつ》かしみを去り、其《の》事の顕れたるまゝに公平の計ひにし、其《の》風へ挽回したきもの也」は、物事に裏表があるような難しいことは取り除いて、素直に表に現れたことを公平に扱って、よい慣習になるよう導きたい旨をいっています。

佐藤一斎は、〝本音と建前を使い分けることはいけない〟とはいっていません。表に現れた意見には本音の意見と建前の意見があることを承知のうえ、その難しい事態・状況を克服し、表に現れた意見を公平に計らい、扱って、よき決裁・決断の対処法として挽回したいといっているのです。

支店長に限らず、多くの人は本音と建前を使い分けることをしています。時として、本音でしか話さない人がいます。自分の考えや思いを素直に伝えることは大切であり、そのこと自体を非難することはできません。しかし、発言する場の状況をかんがみるとき、自分の考えよりも場の状況や雰囲気を重視すべきときもあります。ストレートに本音をいう～というと聞こえはいいですが、実際には〝場の空気が読めない人（所謂「KY」）〟であり、〝浮いている厄介な人〟と思われることにもなりかねません。

支店長の場合、第二条で「先ず諸有司の了簡《りようけん》を尽さしめて、是を公平に裁決する所、其《その》職なるべし」で学んだように、部下の意見を傾聴することから始め、本音か建前かを聞き分けることが大事になります。そして、結論を「ベスト」より「ベター」なものに求めるとき、また、その決裁理由を説明するとき、全面的に本音で話す必要はないと思います。

本音というのは、いつでも、だれにでも、出すものではありません。時と場所と相手を見極めないといけません。

本音は個人の自由な心の動きによってつくられますが、それは必ずしも組織や社会から期待され、求められているものとは一致しません。その食い違いを、対外的な要素を加味してつくられるのが建前です。対外的な要素とは、本音のうちほかに知られてはまずいこと（例／情報源・同調者等）を指します。

第16項 情報を公開し共有する

第一六条 物事を隠す風儀甚《だ》あしし。機事《きじ》は密なるべけれども、打出《うちだ》して能き事迄も、韜《つつ》み隠す時は、却《かえつ》て衆人に探る心を持たせる様になるものなり。

【用語】

「機事」……秘密のことがら。秘密の政務。

「密」……きめこまかいこと。ゆきとどいていること。外からみえないこと。

「韜」……「トウ：刀剣を入れる袋」→つつみかくす。外に出さない。

【口語訳】

物事を隠す風習は大変よくありません。秘密の事柄は外からみえないようにしなければいけませんが、打ち明けてよいことまで隠すと、かえって多くの人に疑いの気持ちをもたせるようになります。

1 「物事を隠す風儀甚《だ》あしし」は、物事を隠蔽する風習はよくないと戒めています。

「物事」という言葉は〝一切の事柄〟という意味ですが、支店経営において、支店長が得る情報の中には、当然に秘密にしなければいけない類のものもあります。「機事《きじ》は密なるべけれども」は、当然に秘密にしなければいけないことまで隠すことがいけないとはいっていません。次に続く「打出《うちだ》して能き事迄も」という言葉を斟酌すれば、公表してもかまわないことまで隠す風習についてよくないといっているのです。

支店長として、部下の不祥事や顧客クレームなどがあった場合、これを隠したいという気持ちになることがあると思います。なぜ隠したくなるのかといえば、競争社会に生きている人間の弱さがそこにあるからです。それは、組織の強さと個人の弱さのアンバランスといえるかもしれません。「これがバレれば評価が落ちる」「バレなければ〜」という気持ちが働くからです。すなわち、失敗等が公になることで、積み上げてきた成果が崩れ、責任を問われ、信頼を失うことをおそれ、隠そうという気持ちが出てくるのです。

支店長は経営者であり、責任をとるべきポジションにいます。責任を回避したいがために、経営者としての手腕が疑われ、傷がつくことをおそれて、本来は報告すべき事柄を隠蔽することを行ってはいけません。

社会的な道徳倫理観に欠ける行為、銀行の信用に傷つける行為、コンプライアンスに抵触する行為などは速やかに然るべく本部へ報告するべきです。また、部下たちにもそのことが起きた事情・背景等の説明を正しく行うとともに、再発防止に努める対策を講じることが大事です。

支店内の出来事は外部からはみえにくいことから、隠してもバレることはないと思っている支店長がいるかもしれません。そのような不祥事が実際にあることから、社内的には「内部通報」、対外的には「内部告発」という制度ができているのです。支店長が隠しても、当事者や第三者の「内部通報」や「内部告発」によって不正や悪事が暴かれることになります。

支店長が隠しごとを行うことは、「同じミスを繰り返す」「モラルが汚染される」「信用・信頼の低下」を招くことになります。支店長は前項条文の「風儀は上より起こるもの也」を思い出し、「物事を隠す風儀」について、じっくりと考えてほしいものです。

2 「機事《きじ》は密なるべけれども、打出《うちだ》して能き事迄も、韜《つつ》み隠す時は、却《かえつ》て衆人に探る心を持たせる様になるものなり」は、本当の秘密は秘匿しておかなければいけないが、公表してもよいことまで隠すと、かえって多くの人に疑いの気持ちを起こさせることになるから、心すべきだといっています。人は、物事をむやみに隠し立てされると、逆に知りたくなるものです。

人には「探る心」というものがあるようです。隠されると知りたくなります。知る方法がなければ、人は悪いように想像心を働かせるようになります。

歴史を顧みると、愚民政策として「何もかも知らせる必要はない」という情報操作を行った独裁者や独裁国家は滅びました。組織の中にいると、人は秘密や情報を握っていることに、地位的な優位性や優越感を感じたりすることがあります。支店長として大事なことは、そのような優位性や優越感を自己満足的に感じることではなく、支店経営をいかに運営するかという点にあります。そのためには情報を公開して、問題点があれば部下とともに一緒に考え、チームとしての総合力をもって対応し、成果を出すことが肝心です。

情報を公開するとき、支店長として考えるべきことは、「知らせる側（支店長）のあり方」と「知る側（部下）のあり方」についてです。

「知らせる側（支店長）のあり方」は、単に知らせればそれでよしということではいけません。丁寧な説明を加える努力が必要です。「いいか、わかったか」と一方的にすませるのではなく、部下の質問に答えることが求められます。

また、情報の内容によっては、特定の人だけに知らせることがあると思います。しかし、情報の内容を知らない人たちにとっては、知らされた人・知らされていない人という差別感が生じかねませんので、このことについても気配り・心配りが必要になってきます。

「知る側（部下）」にはいろいろな人がいます。部下の年齢やポストによって、知識・経験の違いから、情報の受止め方・理解度に差があると思います。支店長の情報の公開の仕方や説明の仕方によっては、逆に不信感や疑惑が増さないとも限りません。これは難しい問題です。

『論語』泰伯第八には、有名な次の言葉があります。

民可使由之、不可使知之（民はこれに由らしむべし。これを知らしむべからず）

この言葉を「愚かな民に対しては服従させる（頼らせる）べきで、余計なことは知らせるべきではない」というように間違って理解している人がいます。この言葉の正しい意味は、「民にいちいち説明しなくてもよいように、日頃から信頼を寄せてくれるような人格者になりなさい」ということです。

言い換えれば、部下にはいろいろな人がいて、レベルや理解度に違いがあり、支店長が理屈ですべての部下を説得することは難しい、だからこそ日頃から支店長は支店経営に際して誠実に正直に真面目に努力する姿を通して、すべての部下から信頼されることが肝要であるということになります。「うちの支店長がいうことなら間違いはない。信頼してついていこう」という支店長にならなければ、理屈だけですべての部下を説得することは難しいということです。

第17項　人心を一新する

第一七条　人君の初政は、年に春のある如きものなり。先づ人心を一新して、発揚歓《かん》欣《きん》の所を持たしむべし。刑賞に至《つ》ても明白なるべし。財帑《ざいど》窮迫の処より、徒《いたずら》に剝落厳沍《はくらくげんご》之令《れい》のみにては、始終行立《ししゅうゆきたた》ぬ事となるべし。此《の》手心《てごゝろ》にて取《り》扱《ひ》あり度《たき》ものなり。

【用語】

「人君の初政」……藩主が初めて執り行う政治。岩村藩第五代藩主松平乗美公就任を指す。

「発揚」……奮い起こすこと。

「歓欣」……「歓」も「欣」もよろこぶの意。

「財帑」……「帑」（ド）は、金蔵、金庫の意。「内帑金」は君主の手許金。

「厳沍」……「沍」（ゴ）は、寒さで水が凍るの意。

「徒」……いたずらに→無益、無用、役に立たない、つまらぬこと。

【口語訳】

松平乗美公が岩村藩第五代藩主として就任し、初めて藩政を担うことは、四季の春がめぐってくるようなことです。まずは、人々の心を新たにして、喜びの気持ちを起こさせることを期待したい。処罰や褒め称えることは公明正大に行われるべきです。藩の財政は困窮しているからといって、無益で寒さに凍えて心が塞がれるような政策をとるだけではすべてがダメになってしまいます。これは、事情に応じて物事を程よく寛大に行う度量というものです。

1

「人君の初政は、年に春のある如きものなり」～ここの「人君」は佐藤一斎が仕えた岩村藩第五代藩主の松平乗美公を指します。したがって、松平乗美公が藩主として初めて藩政を担うことは、四季の春がめぐってくるようなことだといっています。

「重職心得箇条」の最後にこのようなことを書いているのは、第1章第2項で記したとおり、佐藤一斎はこれを藩主松平乗美公に提出することを意識したからだと思います。

2

「先づ人心を一新して、発揚歓欣《かんきん》の所を持たしむべし。刑賞に至《いたっ》ても明白なるべし」は、人心を一新して、心の底から嬉しくて楽しいという気持ちを起こさせ、処罰することや褒め称えることも公明正大に行わなければいけないといっています。

ここで注意すべき言葉があります。「人心を一新して」という言葉です。「人心」の意味は、〝人間の心〟、「一新」の意味は、〝古いことをまったく改めて、万事を新たにすること〟です。したがって、ここは、松平乗美公が藩主として、民のこころを新しくする施策が期待されることを、佐藤一斎は書いています。

いまの世の中、「人心を一新する」という言葉は、〝民のこころを新しくする〟という意味ではなく、〝人事を刷新する〟という意味で使われていますが、これは誤った使い方です。

新聞記事に、「～頭取を含む人心を一新して再生に向かうべき……」、「改革をさらに前進させるため人心を一新します」という使われ方をみました。また、上場会社の人事異動のニュースリリースには、「異動の理由」として「社長交代は人事の若返りを図り人心を一新するため」「人心を一新することにより社業の一層の発展を図るため」と書かれています。どれも誤用といわざるをえません。

支店長は、「人心の一新を図る」という言葉を、特定の部下を異動させてメンバーを入れ替えるという意味で使ってはいけません。支店長が「人心の一新を図る」というとき、その意味は、「全員のこころを新たにする」ということでなければいけません。「銀行都合を前面に出した収益至上主義の動き方は止め、これからは道徳倫理観を大事にして、誠実な対応をすることを心がけよう」という考えを示し、「いままで行ってきた〝恥ずかしい行為〟〝お願いベースの数字づくり〟はやめよう」といい、それを実践させることが「人心の一新を図る」ということです。「発揚歓欣《かんきん》の所を持たしむべし」は、仕事を通して喜びの気持ちを起こさせることが大事であるということです。それは「やる気」の問題、ひいては動機づけ（モチベーション）にも関連する問題といえます。

人間が行動へとつながる意思は動機によって支配され、その動機は心理的な要求や外的欲求がもとにあるといわれます。そして、その動機づけには、「内発的動機づけ」と「外発的動機づけ」の二つのタイプがあります。

「内発的動機づけ」とは、賞罰という外的な強制力がない状態で動機づけられることです。仕事における「内発的動機づけ」とは、自分で課題を設定し、それを達成するために自分が中心になって、自発的に考えて問題を解決する自律性が存在し、また課題の達成や問題を解決することで得られる有能感に満足することが動機づけになります。

「外発的動機づけ」とは、義務・賞罰・強制などによってもたらされる動機づけです。外発的動機づけで仕事を行っている人は、報酬を得ることや罰を回避することが目的であり、仕事はその手段となっています。

人が仕事を頑張る理由の中には、ご褒美を目指して頑張るという側面があることは否めません。銀行では、昇給・ボーナスという金銭的報酬に限らず、昇格・昇進・表彰・人事評価なども広い意味で報酬に含まれます。これらはすべて、働く個人に対して、他の人・組織から提供される報酬なので「外発的動機づけ」といわれるものです。

「成果主義」という言葉は、言い換えると〝より多くの成果により、より多くの報酬を〟といえなくもありません。短期的に考えると、銀行における目標管理制度では外発的動機づけは強力かつ有効に作用していると思います。たとえば、「今期の業績考課は、目標収益額を達成しても、投信販売手数料がその四〇%を占めなければいけない」と強制されると、どの支店も投信販売に力を入れます。「この融資残高（平残）が前期比＋一〇%以上伸ばした支店にはボーナス一〇万円が加算される」といわれれば、なんとしても融資残高を伸ばすべく一生懸命に努力するでしょう。

しかし、これを裏返せば、「目標収益額を達成しても投信販売手数料が三〇%であれば表彰されない」「融資平残が＋一〇%伸びないと一〇万円はもらえない」ということです。すなわち、報酬と罰は同じコインの裏表にすぎないということです。それは、報酬も罰も人の行動をコントロールするということです。

「内発的動機づけ」と「外発的動機づけ」を比べて、後者を悪者扱いしてはいけません。人が働く行動の動機づけには両者の側面があります。しかし、外発的動機づけによって仕事に駆り立てられるよりも、自分の内的なところから湧き出るものを大切にしたいという瞬間があるはずです。

それは次のような瞬間といえます。

・仕事そのものが興味深く、意義を感じるとき。

・やり終えたときに喜びとともに達成感・満足感を感じるとき。

・この仕事を通して自らの成長を実感するとき。

・お客様から感謝されるとき。

これらは内発的動機づけといえますが、他面、外発的動機づけで行動する側面があることは当然です。

佐藤一斎が「発揚歓欣《かんきん》の所を持たしむべし」といっていることは、おそらく「外発的動機づけ」について言及していると思われます。なぜならば、次に「刑賞に至《いた》っても明白なるべし」と続けていることは、「刑賞」を「外発的動機づけ」となる義務・賞罰・強制と考えることで意味が通じます。すなわち、評価基準・賞罰尺度を明白にしたうえで、仕事に対する動機づけを図りなさいという教えであると考えられます。

ただし、外発的動機づけに過度に依存すると弊害が出てきます。それは次のような弊害が考えられます。

・報酬は罰にもなる。→やらなければ報酬はない。

・報酬は人間関係に悪影響をもたらす。→報酬の差が感情へ悪影響を与える。
・報酬は理由を無視する。→結果がすべてで、プロセスは問わない。
・報酬は使い始めたら簡単にやめることができない。→報酬がなければやらない。

具体的に説明してみます。先に、「この融資残高（平残）が前期比＋一〇％以上伸ばした支店にはボーナス一〇万円が加算される」という外発的動機づけを書きました。融資課の全員が頑張った結果、実績は前期比＋九％だったため、一〇万円のボーナス加算はもらえませんでした～ということは、＋一〇％できなければ一〇万円はもらえないという罰ということです。融資課五名のうち四名は頑張って＋一〇％以上を達成したのに、A君だけが前期比マイナス実績だったために、全体で＋一〇％に届きませんでした。そのことがA君とほかの融資担当者との人間関係に悪影響を及ぼしかねません。また、前期比＋一〇％という数値目標ばかりに目が行き、融資という業務の本質を忘れ、資金需要がないにもかかわらず借入の依頼を行ったり、より多くの金額を貸すために稟議書にリスクを隠して書いたり、実行日を早めたりする行動をするようになります。これは融資という業務の本質から外れた行動です。さらに、「前期比＋一〇％以上伸ばしたらボーナス一〇万円を加算」という報酬をやめてしまうと、熱心に融資を伸ばそうとする行動意欲が薄れることから、報酬は一度与えると、それを期待するようになり、簡単にやめることができなくなります。

どの銀行も、数的実績を伸ばすためには外発的動機づけが重要であると考えているようです。成果主義とリンクさせた表彰制度をつくり、項目ごとに細かい評価・評点を決め、支店・行員をコントロールしています。外発的動機づけがないと、支店・行員は動かないと考えているのでしょうか。まるで目の前に人参をぶらさげられて走る馬のように扱われていることについて支店長は、どのように考えているのでしょうか。

もちろん、業績考課に基づく表彰制度を設けることにより、支店間・行員同士に競争させ、緊張感を生み出させることは、経営手段としてやる気を高めることにつながり、よい結果をもたらす効果はあります。しかし、その場合も、前述したような弊害が起きている実態も知らなくてはいけません。

そこで、支店長は、支店の業績を伸展させるに際し、外発的動機づけ（↓表彰をとる！）を利用すると同時に、内発的動機づけに導くような仕事を多くの部下に経験させることが重要であると考えます。仕事を通して得られる喜びと満足感をたくさん経験させることが、人を育てることになります。

〝成果をあげれば報酬があり、成果がなければ報酬はなし、場合によっては罰がある〟という仕組みのなかで問題になることは、成果がないことの原因追究がおろそかになることです。多くの支店では、〝成果がないのだから報酬はなし〟ですませているのではないでしょうか。大事なことは、なぜ成果があがらなかったのかという原因を追究し、原因を見出し、それを修正・解決することで、成果が出せなかった原因を絶つことができます。それが次に成果を期待することにつながるのです。

支店長は、部下の仕事への取組み姿勢について指導するときは、外発的動機づけだけに頼らず、内発的動機づけに基づく意欲をもつ部下に育てることが大事であるということを知り、しっかりとした指導・教育を行い、人材育成に励んでほしいと思います。

3

「財帑《ざいど》窮迫の処より、徒《いたずら》に剝落厳沍《はくらくげんご》之令《れい》のみにては、始終行立《ししゅうゆきたた》ぬ事となるべし。此手心《のてごころ》にて取扱《りひ》あり度《たき》ものなり」は、財政が悪化しているからといって、心が凍えるような政策をとっていては、最初から最後までダメになってしまうので、寛大な対応をしたいものだということです。

ここでは藩の財政が厳しいという話から始まっていますが、支店長の立場で考えるとき、それは支店の業績が芳しくない状況に置き換えて考えてみるとよいと思います。目標数値を達成するメドが立たないばかりか、業績が伸びない状況のとき、「何とかしろ!」「何をやっているのだ!」と檄を飛ばすだけではいけません。業績不振は部下に責任があるといわんばかりに強い口調で怒ったり、感情を出すことはよろしくありません。

イソップ寓話に「北風と太陽」という話があります。この話のタイトルは、物事に対して厳罰で臨む態度（北風）と、寛容的に対応する態度（太陽）を表わす言葉として用いられます。この物語の教訓は、冷たく厳しい態度で人を動かそうとしても、かえって人は頑なになるが、優しい言葉をかけたり、温かい態度で接することによって、人は自ら動くようになるということにあります。

第3章

支店長の心得と行動規範

第1項

支店長としての基本認識

1 「支店運営基本方針」の策定

支店長は、支店経営の全般にわたって責任を負う経営者です。テリトリー（地域）における「当行の顔」であり、「銀行を代表する者」としての自覚が必要です。

支店長は、まず何よりも、「当行の経営理念」（当行が目指す銀行像）を正しく理解したうえで、支店経営について自らしっかりとした理念をもたなければいけません。支店長としての発想・発言・行動は、「当行の経営理念」を踏まえたものでなければいけません。自行のホームページに掲げられている「経営理念」は頭に入って（＝覚えて）いますか。支店長はそれを踏まえたうえで、自らの確固たる「支店運営基本方針」を掲げ、ぶれない軸をもって支店経営にあたらなければいけません。

支店長が「支店運営基本方針」を策定するとき、目指すべき理想の姿と現実を対比すると大きなギャップがあることに気づくはずです。支店経営における目指すべき理想の姿に到達するためには、マーケットの活力（潜在能力）や部下の戦力が必要ですが、それをみると理想と現実のギャップに気づき、支店が抱えている問題点や課題が明らかになります。支店長はこれらの問題点や課題の解決を図りながら経営を行わなければいけません。そこには、問題点や課題の解決を図る具体的な戦略・戦術が明記されなければいけません。問題点や課題に目を向けず、本部から与えられた目標数字を羅列するだけでは運営方針とはいえません。

「支店運営基本方針」は、支店長自らが策定し、明示する必要があります。それは、文書（文字にして表わす）と言葉（口頭で説明）で部下に示すことが大事です。支店長の考えを支店内全員に理解してもらい、浸透させることが肝心です。それは「業績表彰の獲得」や「管理の方法」というものではなく、「支店長としての精神の緊張と矜持」が表れる内容で、具体的な指示であることが望ましいと考えます。それは当然に銀行が掲げる経営理念を目指す道筋に合致する内容であり、正しい考え方と道徳倫理的行動に基づくものでなければいけません。

「支店運営基本方針」について部下から質問されたとき、「これが常識だ」「いままでこうやってきたんだ」「ごちゃごちゃいわずにいわれたとおりにやれ」「俺のいうことを聞け」ということでは部下はついてきません。部下は表面的には支店長に従うかもしれませんが、そのようなやり方では部下は成長しません。人材育成につながる教育指導とはいえません。勘や精神論・根性論で部下を〝目標の奴隷〟にしてはいけません。

部下は、「支店運営基本方針」の内容を理解して行動に移すため、不明なことや疑問点について質問し説明を求めてきます。支店長は、わかりやすい言葉でていねいに説明し、部下を納得させなければいけません。

2 コンプライアンスに対する意識

どの銀行も〝コンプライアンスは経営の重要課題〟として位置づけています。「コンプライアンス」は「法令等の遵守」と訳されていることは支店長であればだれもが知っています。そしてだれもが「法令等は遵守しています」と口をそろえていいます。

そこで、筆者が支店長を対象にする研修で「あなたが遵守している法令の名前を具体的にあげてください」という質問をすると、多くの支店長はすぐに答えられないか、考え込んでしまいます。具体的な法律名をいった人に、「その法律を読んだことがありますか」「どの条文を遵守しているのですか」と質問を続けると、答えられません。

法律を読んでいないにもかかわらず、「法令等を遵守している」という本人は、自分自身に後ろめたさや恥ずかしさを感じていないのでしょうか。まさに「空念仏」といわれても仕方ありません。そのような人が、部下にコンプライアンスについて語る資格があるのでしょうか。

銀行業務を遂行する際に関連する法律はたくさんあります。そのすべてを完璧に読まなければいけないというつもりはありません。しかし、支店長がコンプライアンスについて部下に語るとき、当該法令や重要な法令等の必要条文を読み理解していることが前提であるべきです。支店長はその努力を怠ってはいけません。また、「法令等」の「等」が意味する、当行が定めた「倫理規程」「与信規程」「標準手続」の類いは必ずすべてを読み、完璧かつ厳正に遵守しなければいけません。

加えて、支店長が部下にコンプライアンスを指導するとき、「法令等の遵守」だけではなく次の二点についても部下に教えると同時に、支店長自らが心がけ実践することが肝要です。それは、「正直さと誠実さ」と「法律の文言のみならずその精神を遵守する」ということです。この二つは、バーゼル銀行監督委員会の「コンプライアンスおよび銀行のコンプライアンス機能」（二〇〇五年四月・日銀訳）の「はじめに」に記されているものです。

過去に銀行で起きた不祥事をみると、行員が私腹を肥やすなど個人の利益を得るための不祥事はそんなに多くはないと思います。不祥事の多くは、「銀行のため」「業績をあげるため」という、自らの役割責任を全うするために起こしたものであると思います。

支店長が銀行のためによかれと思って行った行為が、コンプライアンスに抵触し、法律に違反することになった場合、「銀行のため」「業績をあげるため」といっても、銀行は守ってはくれません。

支店長がコンプライアンスについて語るとき、法と道徳・倫理の関係について正しく理解していなければいけません。いちばん大事なことは、道徳・倫理が業務遂行上の基本的な土台であると認識することです。そして、「法は最低の道徳」といわれるとおり、法律に違反していなければ何をしてもよいという論理は許されないということを完全に理解することが重要です。

経団連が平成四年（一九九二年）に発表した「企業倫理に関する中間報告」において次のような記述があります。

そもそも倫理とは、「自らの行いの善し悪しをはっきりさせる」ことである。企業倫理は、企業は「法人」として、経営者は「経営責任者」として、従業員は各自が「個人」として自らの行いに節度を保つことである。企業が法を遵守することは、当然であるが、倫理は法律を守りさえすれば良いということではない。「法を守れば何をしても良い」ということは許されないし、「法によって倫理を規定する」ことも不可能である。要するに、企業が社会の健全な発展を前提に、社会的な良識を持って行動すること、言い換えれば、道徳律を守ること、それ自体が倫理である。

3　銀行の業務を根拠法で正しく理解する

コンプライアンスを「法令等の遵守」と訳するとき、銀行が真っ先に遵守すべきは「銀行法」ではないでしょうか。銀行は業法である「銀行法」を遵守することが最初であり基本であるべきです。

銀行が事業を行う際、「銀行法」を遵守することは当然です。しかし、現場の支店長がそのすべてを理解することは無理です。支店長は少なくとも支店で行う業務の根拠条文について、正しく理解しておく必要があると考えます。

顧客から、「金融商品取引法で銀行の証券業務は禁止されていますが、なぜ銀行は投資信託を販売することができるのですか？」と質問されて、あなたは答えられますか。

支店長は「銀行法」の中、最低限、目的と業務範囲を定めた条文については正しく理解しておく必要があります。

(1) 目的（第一条）「この法律は、銀行の業務の公共性にかんがみ、信用を維持し、預金者等の保護を確保するとともに金融の円滑を図るため、銀行の業務の健全かつ適切な運営を期し、もつて国民経済の健全な発展に資することを目的とする」

この条文に記されている「公共性」「信用の維持」「預金者等の保護」「業務の健全かつ適切な運営」という言葉が意味することを、支店長は正しく理解しなければいけません。

(2) 銀行業の定義（第二条）と業務の範囲（第一〇条〜第一二条）

これに関連する条文の全部をここでは記しませんが、支店長は「銀行業の定義」「銀行の業務範囲」について、「銀行法」を正しく理解していなければいけません。

現在、銀行はいろいろな業務を行っていますが、そもそも「銀行業」の定義を知っていますか。銀行の「本業」は具体的にどの業務のことを指すかわかっていますか。

投資信託や保険を販売する根拠はどこにあるのか、本業ではない業務（付随業務・他業証券業務等・法定他業）の範囲を示す銀行法の条文について、顧客から問われて答えられないようでは、支店長は恥ずかしい思いをします。

銀行業の定義（第二条）と業務の範囲（第一〇条〜第一二条）に関して、その詳細な説明はここでは致しませんが、拙著『銀行ルネサンス』（金融財政事情研究会）の〝第一章「銀行業務の本質を考える」〟が参考になりますので、紹介しておきます。

4　目的と目標の違いを正しく認識する

ドラッカーは一九五四年に著した『現代の経営』において、「企業の目的は、間違いなく社外にある。なぜなら、企業は社会の重要な一部だからである」と述べています。そして、「利益を追求することは、けっして企業の目的ではない」といっています。

それでは銀行（当行）が目指す企業としての目的は何でしょうか。それは、ホームページ等に掲げられている「当行の経営理念」（当行が目指す銀行像）に記されています。したがって、支店長に課せられた究極の使命は、「当行の経営理念」という銀行の掲げる目的を達成することにあります。銀行は「当行の経営理念」という目的の実現のため、毎期、各支店に数値目標等を与えます。与えられた数値目標等を支店長全員が達成し、それを積み重ねていくことで、銀行は経営理念を達成することができるということになります。したがって、毎期の目標は銀行の目的（経営理念）に至る道程であるということになります。

ここで注意しなければいけない点は、目的と目標の意味を混同している人がいることです。目的と目標の意味の違いを正しく理解していない支店長は、本部から与えられた目標を達成することが支店経営の目的であると勘違いして、目標必達のために猪突猛進に動いています。目的と目標は一見似ているようですが、その意味するところはまったく違います。支店長がその違いを明確に意識できていないと、支店運営基本方針を間違えて策定することになりかねません。

繰り返しますが、銀行が掲げる目的は「経営理念」にあります。それは〝当行が銀行業務を通して、追い求め・成し遂げるべき社会的・経済的意義や価値〟のことです。一方、目標は、〝その目的を達成するためのステップ〟のことです。したがって、目標は、いつまでに何をするのかという視点に基づき客観的数値で作成され、その実績は効率性や達成度で測られ、問われます。

目的（経営理念）を意識することなく、目標数値の達成だけに目がいっている支店長は、「お客様のため」「地域社会のため」「信頼される」という目的を忘れた行動に走り、「自分のため」「銀行のため」「信頼されない」という落とし穴に陥ることがあるので注意してください。

半期ごとの短期的目標を達成すべく経営努力することは重要です。しかし、それを支店経営の唯一の目的とすることは問題です。なぜならば、本来の目的（経営理念）を達成するためには、長期的な視点に立ち人材の育成を図ることが銀行の発展に資するということを忘れた経営になるからです。また、本来は顧客目線で行うべき仕事を、競争相手（競合他行、あるいは競争他店）に目を向けた業務に陥ることにもなりかねません。短期的な仕事と長期的な仕事を同時に行うとき、短期的な仕事が優先されがちですが、支店長は長期的な仕事も同時に行うことを忘れてはいけません。

5　支店の経営目標は「業績伸展」と「人材育成」の二つ

支店長は「当行の経営理念」を踏まえたうえで、支店運営として掲げる目標は、「業績伸展」と「人材育成」の両方でなければいけません。

業績伸展（数値目標の達成）が支店運営の目的と思い込んでいる支店長は、人材育成に対する関心が薄いようですが、それではいけません。支店長の使命は業績伸展と人材育成の両方にあります。支店長は自らの仕事に関して、〝業績伸展に半分・人材育成に半分〟というように、力と時間の配分を考えて実践しなければいけません。

業績伸展に力と時間を費やし、人材育成は他人事（人事・研修の仕事である）と考えている支店長がいますが、それは大きな心得違いをしているということを知るべきです。

銀行の財産は「人」であり、「人材」を「人財」として活かすことが業績を伸ばす戦力になるのです。業績伸展は地域の経済環境や取引先の事情等によって影響されますが、人材育成の成果は支店長自身の力量と能力が問われる問題です。

筆者は拙著『事例に学ぶ貸出担当者育成の勘所』（金融財政事情研究会）において次のように書きました。

銀行ではメーカーが商品をつくるように「人をつくる」ことはできません。銀行は人という財を、メーカーのように大量生産することも、均一の品質管理のもとで「つくる」ことはできません。研修所は工場ではありません。いうなれば、銀行における人材育成は、受注生産による一品ごとの手づくりと同じです。高級品に仕上がるか、粗悪品にできあがるかは、素材の質にも影響されますが、受注生産を任される現場の対応次第です。

銀行で人をつくる場所は各現場である支店です。第一線で仕事に従事させながら育てることが基本です。（同書二二四～二二五頁）

政治家後藤新平（内務大臣・外務大臣・東京市長）は次のような言葉を残しています。「金を残して死ぬ者は下だ。仕事を残して死ぬ者は中だ。人を残して死ぬ者は上だ」と。

支店長は半期ごとの数的業績目標を達成することも大事な使命ですが、長期的視点に立って考えるとき、支店長が自ら教育指導して育てた若手が当行の将来を担う人材として成長し活躍することのほうが、銀行に対するより大きな貢献・功績といえるのではないでしょうか。支店長の姿が、半期ごとに鼻先にニンジンをぶら下げられて走る馬であっていいのでしょうか。

6 高潔な品性・品格

支店長は、経営者として必要な知識をもち、リーダーとして高潔な品性と品格をもってこそ、指導力を発揮し、部下の模範となりえます。

品性とは、人柄・品位・道徳的価値としての性格であり、その人の「心のよさ」といえます。品性は一朝一夕に備わるものではありませんし、容易に獲得できることでもありません。常日頃の精進が肝心です。また、品性はごまかしがききません。支店長であるあなたの品性は、部下は自然と感じているものです。

銀行の中で行われる会議・打合せの場でよくみられることですが、どの意見が正しいかではなく、だれがいったのかということを問題にしてこだわる支店長がいます。内容が同じ意見であっても、部下がいうと重要視せず、役員がいうと「ごもっとも」とへつらう支店長がいますが、そのような支店長は品性を欠くといわざるをえません。

支店長は、自分の利益になることを優先したり、自分の発言・行動を自らの責任に照らし合わせて、その時々の都合にあわせて解釈するようであってはいけません。

支店長は、道徳倫理観と論理的思考を軸にする原理原則をもって決断・行動し、知識と経験だけではなく、先見性・洞察力・勇気を備え、自らの行為はもとより部下の行動に対しても最終的に責任をとる覚悟をもつことが大事です。これらすべてを備えている人は少ないと思いますが、これを常に意識して、自己研鑽に努め、率先垂範する姿を心がけていることで、成長していきます。部下はそれをよくみています。

筆者が考える「支店長の品格10箇条」は次の条件です。
1　経済社会における銀行の存在意義を正しく知る。
2　当行の経営理念を理解している。
3　当行の支店長であることに誇りを感じている。
4　規律を守り、道徳倫理的に恥ずかしい行為は行わない。
5　部下からロールモデル（注：後記）とみられ、人望が厚い。
6　顧客から信用・信頼されている。
7　明るく健康的であり、正直・誠実・真面目・清潔な性格。
8　約束を守る、嘘はつかない、時間を守る、向上心があり、勉強熱心。
9　業務遂行に際しては「顧客第一」の精神にのっとり、自己本位の動き方は行わない。

10　相手がだれ（役員・部下・顧客）であっても、〝人間としての尊厳は平等〟という意識をもち、正論を旨として接する。

（注）ロールは、「role」で役割・任務という意味があり、ロールモデル＝役割モデルということから「模範となる人物」という使われ方をします。したがって「ロールモデル」とは、具体的な行動や考え方の模範となる人物を指し、人はだれでも無意識のうちに「あの人のようになりたい」というロールモデルを選び、その影響を受けながら成長するといわれています。

7　王道を歩む

広辞苑によると「王道」の意味は〝儒学の理想とした思想で、仁徳を基本とする政道〟と記されています。本書で学んだ「重職心得箇条」を著した佐藤一斎はまさに儒家の大家といわれる人物であることから、「重職心得箇条」はまさに「王道」の教えといえます。

ところが、「王道」という言葉を曲解している支店長がいます。

紀元前三〇〇年頃、ユークリッドがプトレマイオス一世にいったといわれる「学問に王道はなし」の「王道」は「楽な道・手っ取り早い方法・最短距離を進んで簡単に結果を得られる道」を意味します。これは銀行業務の本質を理解せず、お客様第一という目的にかなうか否かを考慮することなく、短兵急・かたちだけでも数字をつくりあげることができればよいという安易なやり方の考えといえます。

あるいは、「業績をあげるのに王道はない。行け！　やれ！」と檄を飛ばす支店長がいっていることは、「王道」の対義語である「覇道」であるといえます。すなわち、力によって部下を動かすやり方です。支店長は「覇道」をもってマネジメントを行う「覇者」であってはいけません。

筆者が本項でいう「王道」は上記の意味とは異なるものです。支店長は「覇者」ではなく「王者」でなければいけません。「王者」が行う政治が「王道」であり、儒学が教える「王道」とは〝道徳をもって天下を治めること〟を意味します。すなわち、支店運営に際して「王道を歩む」ということは、前述した1～5のことをまっとうに行うことであると考えます。その前提として大事なことは、6の「高潔な品性・品格」であると考えます。

王道経営について佐藤一斎は「言志後録」で次のように書いています（『言志四録（二）』講談社学術文庫）。

真の功名は、道徳便《すなわ》ち是《こ》れなり。真の利害は、義理便ち是れなり。
～本当の功績名誉は道徳を実行して得られるものである。本当の損得は、義理によって得られるものである。（同書四一頁）

古来、金儲けに「三かく法」というものがあります。「三かく」とは、義理をかく・人情をかく・恥をかくの三つです。この「三かく法」で得られる利益は一時的なもので、恒久的な利益というのは道徳に則して得るものでなければいけないということです。

澁澤榮一は『論語と算盤』（角川ソフィア文庫）の中で次のように書いています。「富をなす根源は何かといえば、仁義道徳。正しい道理の富でなければ、その富は完全に永続することができぬ」（同書一二一頁）

澁澤榮一は次のようにも書いています。「商才というものも、もともと道徳をもって根底としたものであって、道徳と離れた不道徳、欺瞞、浮華、軽佻の商才は、いわゆる小才子、小悧口であって、決して真の商才ではない」（同書一二三頁）

銀行がバブル期に得た利益は、道徳や道理に反した行為＝真の商才ではないやり方によって得られたものであったために、線香花火のごとく消えてしまったといえます。支店長はその歴史から学んだことを、いまの経営に活かし、王道経営を歩まなければいけません。

第2項 自らを律すべき行動規範

1 コンプライアンス意識をもって厳正な行動を心がける

銀行が「コンプライアンスは経営の重要課題」と公言していることから、支店長は自らのコンプライアンス意識を徹底するとともに、部下にも厳正な行動を求めなければいけません。形式的な態勢や報告でごまかすことは許されません。

数的実績アップにつながるなら、コンプライアンスの問題は片目をつむってもいいということにはなりません。それを「清濁併せ呑む」という言葉で正当化することは許されません。コンプライアンスの問題は目にみえるところだけで判断してはいけません。数的実績を大きく伸ばせても、目にみえないところで嘘をつき、お客様からの信用を失うようでは「王道経営」とはいえません。目にみえる数字をうわべだけ飾り立て、成果を口先で上手にきれいごとをいって説明しても、お天道様はどこかでみています。そのような経営を行う支店長に品性や品格は感じることはできません。

支店長は、部下の行動をみて、やってはいけないことは「やってはいけない」と具体的に指摘し、やめさせなければいけません。問題点があることを承知していながら、その行為をやめさせることができない支店長は不作為の罪を犯していることになり、コンプライアンス違反となります。

たとえば、収益・数字がほしいということで、融資業務において「早割り・早貸し」「貸込み」などの行為を行うことは、お客様第一を目指す銀行の経営理念に照らし合わせて正当化できる行為でしょうか。筆者は〝恥ずかしい行為〟であると思い、このような行為はやめさせるべきという考えを、著書や講演・研修の場で話します。しかし、このような行為が、いまでも多くの銀行の多くの現場で行われている事実は、役員も支店長も自らがやってきた行為であることから、また収益・数字につながることで〝背に腹はかえられぬ〟という本音があり、いまさら「自己否定」するようなことは言い出せないようです。〝法律違反ではない〟〝これを問題視する者はいない〟〝他行も他店もやっている〟〝お客様からもクレームがこない〟という理由を言い訳にして、「早割り・早貸し」「貸込み」などの行為をアブノーマルと感じないで、これからも続けていくことに、役員・支店長は「問題なし」ということですませていいのでしょうか。

支店長が特に留意すべきコンプライアンス意識と道徳倫理観を伴う行動を具体的に掲げると、以下のようなものが考えられます。

・与信規程の厳守～企業の実態把握や資金使途の検証を行う。

・与信判断の基準～安全性・収益性・成長性をチェックする。
・本部宛に提出する申請書・報告書・稟議書は正確に書く。～うそ・ごまかしは厳禁。
・特定の顧客との癒着・接待は厳禁。支店長が担当先（専担先）をもつことは原則禁止。
・行動予定（訪問先・時間管理）は常にオープンにする。
・行動の結果は部下に口頭で報告し、自ら記録に残す。
支店長は、常にコンプライアンス意識をもって、部下の範となる厳正な行動を心がけなければいけません。

2　自己啓発意識を高くもち、常に知識の吸収に努める

銀行を取り巻く環境はダイナミックに変化しています。業務範囲の拡大に伴う新商品、それに伴う新たなマニュアルについて、支店長も自ら学ぶ姿勢が大事です。わからないことは部下に聞けば足りるという安易な意識ではいけません。

顧客との面談において、脇にいる部下に聞きながら受け答えする姿は、支店長に対する信頼を落とすことになります。支店長が顧客と話すとき、実務処理の細部まで知る必要はありませんが、全体概要の把握力・理解力はもちろん、大事なポイントは自ら説明し話せるようでなければいけません。

また、法律や行政の変化、あるいは金融情勢に対して、最新の法令・情報等の内容を知る努力が必要です。若い頃に学んだ知識は役に立たず、通用していないこともあります。支店長といえども時代の変化とともに学び続ける努力が必要です。貸出先の中小企業の経営者から、法律・会計・税務について質問されて、答えられない支店長では困ります。

たとえば、二〇一八年から施行が予定されている民法（債権法）について、改正の概要や貸出業務に関連するポイントについて勉強して、顧客に説明できますか。あるいは、「中小企業の会計に関する指針」（注1）や「中小企業の会計に関する基本要領」（注2）について知っていますか。

（注1）「中小企業の会計に関する指針」は、日本公認会計士協会・日本税理士連合会・日本商工会議所・企業会計基準委員会の四団体が、法務省・金融庁・中小企業庁と協力して、中小企業が計算関係書類を作成するにあたって拠るべき指針を明確化するために作成したものです。

（注2）「中小企業の会計に関する基本要領（中小会計要領）」は、中小企業庁が、経理人員が少なく、高度な会計処理に対応できる十分な能力や態勢が整っていない中小企業の実態を考えて作成した新たな会計ルールです。

投資信託の販売を行うのであれば、金利・株価・為替の動きは日々関心をもってみることはもちろん、今後の動向についても、顧客に対して自説ながら話せるレベルでなければ、顧客から問われたときに困ります。

支店長は経営者として部下とは異なる目線をもち、常に自己啓発に努めなければいけません。それは大局観と先見性に基づくことが大事です。支店長が学ぶ姿勢は必ず部下に伝わり、部下によい影響を与えます。

3　公私混同の誤解を招く行動は絶対に行わない

支店長が公私混同しやすい落とし穴は二つあります。

一つは、金銭等に関してです。交際費を私用に使うことはもってのほか、絶対に厳禁です。実態は私用であるにもかかわらず、形式を整えれば交際費として使うことはかまわないと安易に考えている支店長がいます。また、支店に配賦された予算の範囲内であれば、名目をつけ伝票等の形式を整えれば部下との飲食に使うことは問題はないと考えている支店長もいます。そのことは、法律・会計処理・行内の規定上、問題はないかもしれません。あえて申し上げれば、支店長のモラルの問題といえます。

具体的には、支店長が個人的に取引先を誘って飲み食いやゴルフをする場合です。業務遂行を円滑に行うためとか、親交を深めるためという理由を掲げて行うようですが、飲食・ゴルフを行ったことで業務上の経済的効果が計数的に確認されるケースはほとんどないといえます。

あるいは、部下を飲み食いに誘い、それを交際費で落としている支店長がいます。交際費を利用しなければ取引先や部下との関係が円滑にいかないという考えでしょうか。取引先や部下との関係をよりよくするため交際費を使っているというのでしょうか。

民間人同士の接待は法律で禁止されていませんが、接待を行うか受けるかは、役員・支店長の考え次第です。支店長の場合、個別・特定の取引先を相手にする飲食・ゴルフは、仕向けることも受けることも、極力控えることが好ましいと思います。その判断尺度は支店長自身の良識に委ねられますが、そのことで仕事上のオブリゲーションを負うような事態は避けなければいけません。

また、お中元やお歳暮については、すべて拒むこともありませんが、品物が高級な贅沢品で、想定される金額が世間一般の常識を超えるようであれば受け取るべきではありません。

もう一つは、部下との関係です。業務時間外において、支店長は部下と一線を画することが基本的には望ましいと思いますが、支店長が部下とのコミュニケーションを図るために業務終了後に一杯飲む場やカラオケ等で遊ぶ機会を設けることは、時として必要であると思います。

その際に注意すべきことは、

・支店長のわがままを通すようなかたちで強引に誘ってはいけません。
・特定の部下を誘うようになってはいけません。
・頻繁（週三～四回）に部下を誘うことはいけません。

・休日に呼び出すことはいけません。
・支払を銀行経費につけ回すことはいけません。

4　論理的であることを理由に自己を正当化してはいけない

「論理的」＝「正しい」ということではありません。「論理的に～」というと、いかにも利口・聡明な内容をいっているように聞こえますが、実際は主観に基づく自己判断の過程を説明しているにすぎません。

「この会社の技術は面白い。売上も順調に伸びている。決算内容もよいから、もっと貸そう」という主張は、自分にとって都合がよい方向に導くために、自分なりの理屈を述べているのです。

支店長が、「論理的に考えると～」という言い出しで話すことは、部下の意見を封じることになりかねません。支店長にとって論理的であっても、その理屈が相手にとって不快・不利益な結果をもたらすのであれば、受け入れられるものではありません。

「論理的に考えると～」と支店長がいうと、異論があっても部下は従うかもしれません。しかし、相手が審査部の場合、支店長は上記のような主張を通し続けることができるでしょうか。「論理的に考えると～」といえば部下の異論に抑えつけることができても、審査部から反論されると支店長の論理的な考えは負けるかもしれません。同じ内容であっても、だれがいったかによって支店長の考えの軸が揺らぐようでは、支店長の品格が疑われます。

支店長が、「論理的にいっているのだから従え！」といって、自分の発言を正当化することは、言い返せない立場の部下を脅すという無理強い・パワハラになってしまいます。「言い返せないほうがいけない」という理屈は、無自覚に部下を服従させたいということの現れです。

論理的な話し合いということは、お互いの意見を合致させる共同作業であるべきです。支店長が導き出したい結論に違和感を感じている部下がそれと異なる考え方で意見をいったとき、それをさえぎってしまっては、コミュニケーションを図る信頼関係は崩れ、チームプレーとしては好ましくありません。

「論理的な発言」というのは、しょせん「自己主張の詳細説明」にすぎないということを知るべきであり、支店長は論理的であるという言葉を使い、自己を正当化してはいけません。

5　セルフコントロールを常に行う

セルフコントロールとは、自己の意思で感情や欲望を抑制することです。「克己心」「自制心」ともいいます。

支店長は、〝支店長の発言・行動をチェックする者は自分以外にはいない〟という認識をもち、自らに言い聞かせる必要があります。支店長の日常の行動やマネジメントそのものが、部下に対して価値観や業務遂行の方法等を教えることになるからです。

セルフコントロールですから、チェックすべき項目は自分自身で考えるものです。チェックすべき項目は、「支店長としてのあるべき姿」と「業務に対する考え方と行動」に分け、できれば自分用のチェックリストを作成して、週一回でも自らチェックしてはいかがでしょうか。

「支店長としてのあるべき姿」としての主なチェック項目は～、

・わがままになっていないか。
・慢心していないか。自信過剰に陥っていないか。
・感情を出し過ぎていないか。
・自己啓発を怠っていないか。
・個人（私生活の面）として社会的批判を受けるようなことをしていないか。

「業務に対する考え方と行動」としての主なチェック項目は～、

・当行の「経営理念」を理解し、コンプライアンス意識を高くもって経営にあたっているか。
・支店が目指すべき姿を明確にし、基本方針を部下と共有しているか。
・部下とのコミュニケーションはうまくとれているか。
・人事評価は公正に行っているか。

・判断する軸は、「儲かるか、儲からないか」「数字に寄与するか、しないか」ではなく、「人として正しい行為か、恥ずかしくない行為か」「信用・信頼を落とすことにならないか」を尺度にしているか。
・「お客様第一」「お客様満足」を真に実践しているか。
・率先垂範、責任をとる度量をもっているか。
・業績伸展と人材育成の両方に頑張っているか。
……などが考えられます。

拙著『銀行ルネサンス』（金融財政事情研究会）で「銀行フィロソフィー40項目」を掲げましたが（同書三一五頁）、これを参考にしていただければ幸甚に思います。

第3項 支店運営上の行動規範

1 率先垂範に心がける

支店長は、部下が担ぐ神輿に乗るという意識があってはいけません。支店長は、自分が知らないこと・できないことを、部下に「お前に任せる」といい、自ら動くことなく、結果責任をとらないことは許されません。

支店長は業務遂行において、自ら率先垂範に心がけなければいけません。部下が嫌がるような仕事も自ら引き受けて取り組む姿勢が必要です。支店全体のチーム総合力を発揮するため部下を動かしたいと考えるとき、部下に対してどんなに多くの美辞麗句を並べても、支店長自身の行動が伴わなければ、部下の心をとらえることはできません。

本書のプロローグで連合艦隊司令長官・山本五十六の言葉を紹介しました。

「やってみせ、言って聞かせて、させてみて、ほめてやらねば、人は動かじ」

まさにこのとおりだと思います。

支店長が率先垂範するには勇気と信念がいります。しかし、支店長はこれを常に心がけ実行することが求められます。率先垂範することは、支店長の修行と心得てください。

修行ということについて、山本五十六は次のような言葉も残しています。

苦しいこともあるだろう。
云い度いこともあるだろう。
不満なこともあるだろう。
腹の立つこともあるだろう。

泣き度いこともあるだろう。
これらをじっと
こらえてゆくのが
男の修行である。

ここで留意すべきことは、支店長が〝率先垂範する〟ということは、部下が行うべき業務にまで首を突っ込み、手を出せということではありません。支店長が、自分の得意分野のことに出しゃばったり、かっこいいところをみせるために動くことではありません。あくまでも、部下に対する教育・指導の一環として、支店長として取り組むべきことは、自ら一生懸命やっているという姿勢を部下にみせ、感じ取らせるところに意味があります。

支店長は難事のときこそ、解決に向かって、ひたむきに考え、烈々たる気迫をもって、部下をサポートし、自らも率先垂範して動くことが大事なのです。まさにこれが支店長の修行といえるかもしれません。支店長は経営者ですから、最終的にはすべて自分の責任であると考え、それを率先垂範する姿勢こそが、部下から信頼され、敬愛されることにつながるのです。

2　明るく健康的な雰囲気づくり

支店長は自らの健康管理に留意するとともに、部下の健康管理にも気を配らなければいけません。支店長は経営者という役割であると同時に、部下に対する管理監督者であり、部下の健康を守る役割もあります。支店長は部下の健康状態を把握することを自らの仕事であると心得なければいけません。

部下の体調や表情がいつもと違うということは次のようなことが考えられます。

○勤怠に関して……遅刻、早退、欠勤、残業が多い。
○仕事に関して……能率の悪化、経過・結果の報告・相談がなくなる。
○行動に関して……元気がない。寡黙あるいは多弁になる。ミス・トラブルが増える。服装等が乱れる。

支店長は上記のような部下のようすに異変を感じた場合、部下から事情を聞くことが必要です。この際、大事なことは、部下を受け止める姿勢（～あなたのことが心配であるということを伝える）を示すことです。話の聞き方が、原因や理由をほじくり出すようであったり、いまの状態を批判してはいけません。そして、個人情報の保護への配慮を行い、早めに診療所・医師のところへ行くことを勧めることを考えてください。

支店長は職場の環境を整えるという役割もあります。部下が肉体的疲労や精神的疾患に陥らないように、明るく働きやすい職場づくりをしなければいけません。支店長が職場環境の改善を図り、明るいムードづくりを行うことで、部下のやる気やモラルを高め、健康リスクを低減させることにつながります。

支店長には、「明るく健康的な職場なくして経営なし」という考えをもってほしいと思います。支店長自身が支店のムードを暗くするような経営を行っていては、業績伸展は望めません。支店長自身が体調不良では部下に悪影響を与え、判断の間違いや積極的姿勢の低下を招くことになります。

それほどに、明るく健康的な雰囲気づくりは支店経営にとって重要なことです。

3　部下とのコミュニケーションを図る

支店長は部下と十分にコミュニケーションを図らなければいけません。すでに、支店長は部下とコミュニケーションを図っていると思いますが、〝十分に〟という意味は、次の五点を特に意識していただきたいということです。

(1)　全員とコミュニケーションを図る

支店長は特定の部下をひいきしたり、かわいがることが目に余るようではいけません。支店長が部下と行うコミュニケーションは全員に対して分け隔てなく行うように心がけるべきです。

役席者とは話すが、係員とは直接話さないという姿勢はいけません。新人や若手、庶務行員にも声をかけてください。

(2)　仕事上のことはどんなことでも報告させる習慣をつくる

プライベートなことの報告を強要する必要はありませんが、仕事に関することは「報告・連絡・相談」させる習慣をつくることが大事です。特に、事故やトラブルにつながるようなことは早い段階で報告させることが重要です。

(3)　内容や要領をえない報告も最後まで聞く

報告の内容がわかりにくかったり、論旨不明で要領をえない報告であっても、支店長は最後まで聞く姿勢をもつことが大事です。途中で報告を遮ったり、怒ったりすると、次からは報告を躊躇するようになりかねません。最後まで聞いたうえで、わかりにくい点を質問し、そして最後に報告の仕方で不手際な点を指摘することが、教育・指導につながります。

(4)　悪い情報も入ってくるような信頼関係を築く

部下は悪い情報を支店長にいいたがらないものです。特に、マイナス情報に感情的になり部下を非難する支店長に対して、部下は報告したくないと思うようになります。

事故やトラブルを未然に防ぐ、あるいは事故やトラブルが大きくならないうちに解決策を考え、対応するためには、上記(3)を常日頃から虚心坦懐に部下からの報告を聞くようにすることが大事です。

(5)　事務担当者・庶務行員への配慮を怠らない

業績伸展・目標達成を意識する支店長は、コミュニケーションを図る相手が渉外・営業担当の者に偏る傾向に陥りやすくなりがちです。そのこと自体、やむをえない面もありますが、そこで支店長は意識的に事務担当者への配慮を怠らないよう心配りすべきです。

窓口テラー・窓口後方事務・融資事務等、どちらかといえばルーティンワークを地味に行っている人たちへの声かけも忘れないように行ってください。加えて、清掃・警備・案内・運転などの仕事を行っている庶務行員への声掛け・配慮も行うよう心掛けてください。

4　部下に対する教育・指導・育成に努める

本章第1項「支店長としての基本認識」の5で〝掲げる目標は「業績伸展」と「人材育成」の二つ〟と書きました。ここでは「人材育成」を単独で採り上げて書きます。それは、「人材育成」が支店運営に際して重要、かつ支店長の重大な職務であるにもかかわらず、多くの支店長は「業績伸展」には時間をかけ力を費やしますが、「人材育成」に対しては他力本願で関心が低いと思われるからです。

第1項の5で、「支店長は自らの仕事に関して、〝業績伸展に半分・人材育成に半分〟というように、力と時間の配分を考えて実践しなければいけません」と書きました。また、拙著から引用して「銀行における人材育成は、受注生産による一品ごとの手づくりです。高級品に仕上がるか、粗悪品にできあがるかは、素材の質にも影響されますが、受注生産を任される現場の対応次第です」と書きました。

人材の育成は、支店の戦力アップを図ることであり、次世代の後継者を育て、明日の銀行を担う人材をつくることです。短期的業績アップの使命とは別に、中長期的に銀行全体の信用力・ブランド力のアップにつながる重要な問題です。

筆者は、銀行における人材育成に関して、拙著『銀行ルネサンス』（金融財政事情研究会）第3章では次のように書きました。すなわち、銀行は銀行法第四条により内閣総理大臣から免許を受けて事業を行っているにもかかわらず、「免許業務を行うにふさわしい知識を有していない者に、数的目標を課し、競争させ、成果主義で評価する銀行は、「無免許運転を容認し、スピード違反も黙認している」といわざるをえません。　～中略～　新入行員に対する教育指導が中途半端であるにもかかわらず、即戦力として実戦に就かせ実績を求める銀行に、将来を期待できる人材は育たないと思います」（同書一五八頁）。

支店長は、部下に対する教育・指導・育成に努めなければいけません。それは自らが先頭に立ってOJTを実践することです。支店内でどのようなOJT教育を行うかは、支店長が考えなければいけません。指導教育する対象の若手のレベルをみて、だれを指導者とするか、また自らどのような役割を果たすべきか、さらに具体的方法（勉強会の行い方、等）まで考えて実践することが大事です。

ここで留意すべきことは、ＯＪＴは業務知識を教えることではありません。数字づくりのノウハウやテクニックを教えることでもありません。また自分の考え方を押し付け、自分のコピー人間をつくることではありません。「徳より知、知より利」という風潮が蔓延しているなか、道徳倫理観を備え、経済社会・取引先から信用され・信頼される銀行員をつくるＯＪＴ教育が必要です。

数字はつくることができても（＝数的目標は達成した）、人材育成はできない（＝ＯＪＴは行わない）という支店長は、真に優秀な管理者・経営者とはいえません。

第4項 支店運営の要諦

1 計数管理

支店長は支店経営を行うに際して、あらゆる計数をみることになります。そして計数を管理することで支店経営の実態を把握し、良い点・悪い点を知ったうえで、必要あらば施策や行動の修正を行います。

支店長は、日次・月次の管理資料、あるいは目標実績対比というかたちで計数をみると思いますが、計数が意味することを理解していなければいけません。〝計数が意味すること〟とは、計数の算出方法、それぞれの計数の関連性、目標対比の実績進捗率、業務活動との関係、等のことを指します。

支店長が管理する主な計数は次のとおりたくさんあります。

・収益管理……資金収益・役務収益・管理損益等
・業容管理……預金残高・貸出残高・外為取扱高等
・個人基盤……口座数・給振・年金・公共料金決済・カード等
・法人基盤……債務者件数・非債務者件数・新規貸出先等
・目標管理……目標実績の実数比較・進捗率
・行動管理……訪問件数・集配金数・材料案件手持件数等
・事務管理……事務過誤件数・検査実績水準・未完処理件数等

支店長は、計数を軽視してはいけません。また還元される計数管理資料を眺めるだけ、閲覧印を押すだけではいけません。しかし、すべての計数をじっくりみている時間的余裕はないと思います。そこで支店長に求められることは、みるべきポイントをすばやくチェックする技を身につけることです。

また、計数に大きな動き（大口増減）や変な動き（いつもと異なる不自然さ）がある場合は、その理由・原因を必ず究明するべきです。そのためにも、計数還元資料の各々に担当者をつくり、必要があれば担当者にその究明を指示し、報告を求めるべきです。

支店長が計数管理で行ってはいけないことは、目標を達成したいがために見せかけの数字をつくることです。小手先の手段を使って数字をつくることは、経営者として正直さを欠く行為であり、部下に対する教育・指導面でも悪い影響を与えます。

その小手先の方法としては二つのことがあげられます。一つは顧客に迷惑をかける数字づくりです。具体的には、貸出業務における「早割り・早貸し」「貸込み」「期末日越えの借入依頼」等です。顧客の利益を搾取して銀行の利益にする行為は、「顧客第一」「顧客満足」に反し、「銀行第一」「銀行満足」であることを知るべきです。

もう一つは、実態が伴わない数字づくりです。たとえば、少額投資非課税制度（ＮＩＳＡ）の口座獲得競争です。ＮＩＳＡは利用しないといっている人に対しても「使わなくてもつくるだけでもお願いします」というかたちの数字づくりです。ＥＢ商品やカードなども〝使わなくてもいいからつくって～〟というかたちで見せかけの数字をつくることが常態化して、そのような数字づくりを行うことに疑問を感じないようになっている組織・人では困ります。

部下がこのような動きで数字づくりをしていたら、支店長は厳しい態度で臨むべきです。正直さを欠く行為はコンプライアンスに触れることを教えなければいけません。

2　与信管理

現役の銀行員のほとんど多くはバブル期に行われた貸出業務の実態について知りません。五〇歳を超える年齢の支店長もバブル期は新人の時のことで、記憶が薄い昔の話になっているかと思います。

昭和六二年（一九八七年）～平成三年（一九九一年）をバブル経済期といい、この時期に多くの銀行が無謀・無理な貸出業務を行った結果、多額の不良債権をつくり、多くの不祥事が起きました。その結果、いくつもの銀行・信用金庫・信用組合が経営破綻しました。破綻はしないが公的資金を導入した銀行もあります。そのような時を経験した銀行は、収益力のみならず経済社会から信用と信頼の回復をするのに相当の年数がかかりました。支店長も給与や賞与が伸びない経験をしてきたのではないかと思います。いま、再び、その二の舞を演じてはいけません。

貸出業務は銀行が収益を得る根源的な業務であり、不良債権の発生を回避し、銀行経営の健全性・収益性を確保するためにも、支店における貸出業務をまっとうに行うことの重要性はいうまでもありません。

いまさらいうまでもなく、銀行業の基本は、預金というかたちで資金調達を行い、主として貸出による資金運用を行い、その金利差（資金利鞘）が収益の源泉になっています。貸出業務の基本原則を忘れ、無謀な貸出を行い、貸出資産が不良債権化すると（貸出金が期限に回収できない・延滞が発生・倒産）、預金者の預金払戻請求に応えることが困難になり（資金繰りの悪化）、そのことは銀行の信用を大きく落とすことになります。銀行の信用不安悪化の原因は、貸出業務の基本を忘れ、数字至上主義に走ったことに端を発します。

貸出業務の基本は、貸出する相手の事業内容と財務内容を正確に把握し、資金使途を検証することが肝心です。そして、貸出金の安全性・収益性、および貸出先の成長性等を見極めて〝健全な資産〟を積み上げることで収益を得るかたちが基本です。銀行は、事業資金としての貸出金を期限に回収することで、預金者から預かっている預金の返戻が可能になる仕組みが成り立ち、それが預金者の保護に通じることになります。

この基本を忘れて、いまでも収益競争・数字至上主義・成果主義という言葉に翻弄されて間違った貸出業務が行われています。資金使途を問わず、必要金額以上に貸し、企業審査・事業審査はおろそか、リスク管理も不十分、また法律知識・財務分析も十分でない担当者（支店長も同様）が貸出業務を行っている実態があります。

筆者がこの数年間に三十数行の銀行で講演・研修を行って感じたことは、まず貸出業務を行う際に必要となる基本知識が足らないことです。これは貸出担当者だけの問題ではありません。支店長も同じく、貸出業務を行うに必要な法律・財務等の知識を十分に備えているとはいえません。

支店長を対象にした研修において、取引先概要表をみて、この会社が中小企業であるか否かの判断ができない支店長がいます。中小企業の定義を知らないため〝概要表〟のどの項目をみたらよいかわからないのです。

あなたは生の決算書を読み、財務面から経営の問題点を論じることができますか。銀行取引約定書の条文、貸出業務に関連する法律の基本を理解していますか。取引先の事業内容を理解し、経営者と業界動向について語れますか。経済・金融の動きについて先行き見通しを説明できますか。

このような基本ができていない人が、「借りてください」というお願いベースで借入を頼んだり、相手の実態もわからずリスクある貸出を行い、数字を伸ばすことが貸出業務であると思っていては困ります。リスク判断ができないために信用保証協会の保証に頼るというモラルハザードもみられます。

支店長は貸出業務の本質を理解し、貸出業務の王道を歩まなければいけません。また、部下にはまっとうな貸出業務を教えなければいけません。貸出業務に自信がない支店長は、しっかりと基礎から勉強しなければいけません。

3 事務管理

銀行によっては、事務管理は副支店長・次長に委ねているかもしれません。だからといって、支店長が事務管理に無関心であってはいけません。部下から、〝支店長は事務をみていない〟と思われるようではいけません。

支店経営において、業務推進と事務は車の両輪のごとき関係であり、安定した事務が行われなければ業務推進面の成果も期待できません。

事務は標準手続（マニュアル）に基づき、正確に行われるものです。実際に行われる事務の遂行責任は副支店長や次長に委ねるにしても、支店長が最終責任者であるという自覚をもつことが重要です。

支店長の役割は、支店内を見回り、事務担当者にも目配り・気配りを行い、声をかけ、自分も事務に関心をもってみているという姿勢を示すことが大事です。そして、店内の管理態勢を常にチェックすることです。

事務ミス、過誤が発生した場合は、事の重要性を問わず必ず報告させ、原因と再発防止につい て確認することが大事です。支店長がこれを怠ると、大事故につながるリスクを高めることになります。特に貸出業務に付随する事務は法律的裏付けに基づき策定されたものであり、事務担当者だけでなく渉外担当者にも貸出事務を経験させ、教育させることが重要であると考えます。

人事面では、同一事務を同一人物に長期間従事させることなく、ローテーションや汎用を考え、事務の重要性を認識させる倫理教育を行うことも重要かと思います。

そして、支店長は事務を担う人たちとのコミュニケーションを通じ、さらなる事務の効率化・合理化を行う余地はないかと問い掛けし、事務を担当する者から事務手続改善について問題提起や要望等があれば、支店長はそれを実現するために本部に掛け合うなどの動きを積極的に行うことが大事です。

銀行における事務の重要性について、「第一銀行史」序文には次のような記述がみられます。

銀行業の本質は世人の思う如く金銭の集積のみではない。その中核は寧ろ無形なものである。無形なものであるという意味は、取引先との相互信頼の関係、其間の取引を寸毫の誤差もなく記録する精巧なる帳簿組織、事務組織である。

正確な事務を行うことが、銀行が経済社会・顧客から信用と信頼を寄せられる根源であることを支店長は強く認識してください。

4　人事管理

支店における支店長の人事管理の要諦は、部下の一人ひとりを大切にするという心がけです。それは、部下に対する愛情と信頼が原点になると考えます。

支店長は、部下一人ひとりの仕事振り、店内の人間関係、心身の状態等をよくみて気配りすることが必要です。朝礼や会議の場、あるいは店内を巡回するとき、仕事上のやりとり等の場面で、部下をよくみてください。肉体的疲労感が出ていないか、精神的に追い詰められていないか、残業等で無理していないか、人間関係で悩んでいないか……は、わかるものです。

特に、メンタルヘルス面で問題があることに気づいた場合は、早めの対応をしなければいけません。部下の心身の健康状態には優しく接することが必要で、これを精神論や根性論で鍛えるという発想は厳禁です。

部下に対して教育・指導・育成を図る重要性についてはすでに述べていますが、そこに、やる気を起こさせ、プロ意識を植え付ける工夫も求められます。目標数値と実績という計数だけで管理・指導するだけではいけません。仕事の本質や意味を教え、努力を認め、自信をつけさせることが大事です。

人事考課は平素の観察に基づき公正に行わなければいけません。定量的な数字だけで実績を評価するだけではなく、プロセス・努力にも目を向けるべきです。

そして、組合活動を理解し、時間外勤務や休暇の取得にも目を届かせ、適切な労務管理にも心がけることが大事です。

■おわりに

支店長は業績や能力を銀行（役員・人事部）から評価してもらいたいと思っています。この気持ちは銀行員であれば支店長に限らず、だれもがもっている共通した望みといえます。ところが、自分が思ったとおりに評価されなかったり、他者の評価と比較して納得がいかなかったりすることで思い悩むことがあります。

支店経営の評価について次の事例で考えてみましょう。

A支店長とB支店長の両名はどちらも今期の業績目標を達成しました。実は、両支店長ともそれほど頑張らないで業績目標を達成したのです。実際、「想定外のフォローの風が吹いて、目標を達成したことは偶然性が高い」ということは、両支店長ともよくわかっています。しかし、役員・本部はその背景である実情は詳しく知りませんので、目標を達成したという結果をみて、A支店長とB支店長を称賛し表彰しました。

その時、A支店長は「実のところ称賛には値しない」と、想定外のフォローの風があったことを役員・本部に正直に話しました。B支店長も称賛には値する業績とはいえないと気づいていますが、「称賛してくれるのだから、事情をいう必要はない」という考えで、実際の状況について話すことはしませんでした。

アダム・スミスは、賢人と軽薄な人を分けるのは「成果レベル」ではないといっています。いくら高い実績をあげても、表面的な評価に踊らされる人は軽薄な人、自分の心に正直に生きている人を賢人といっています。あなたは、A支店長とB支店長をみてどのように思いますか。この問い掛けは、〝支店長は結果を評価されたいがために支店経営を行っているのでしょうか？〟という問題を投げかけています。言い換えると、〝評価を得ることを支店経営の目的にしているのでしょうか？〟ということです。

支店経営や個別企業との取引において、同じプロセスを踏んでも異なる結果が出ることがあります。一生懸命に努力してもよい結果が得られないときがあります。逆に、上記のように大して努力しないでも偶然性に恵まれてよい結果が出ることもあります。しかし、どのような事情であろうとも、銀行においては結果が重視され、結果を評価する仕組みになっています。

結果はもちろん大事です。しかし、よい結果が出たとしても、それが努力とは関係がない次元の偶然性によるものであった場合、その当事者の実績として能力を褒め称えることは、ちょっと筋違いではないでしょうか。それでも銀行は結果を出した人を評価します。

次の例で考えてみましょう。

野球選手のCさんは、一か八か目をつむって思い切りバットを振ったらホームランになりました。Dさんは配球を読み、ねらいどおりに完璧なタイミングで打った打球はホームラン間違いないという弾道でしたが、突然のアゲインストの突風に遭い、また守備のファインプレーもあり、大きなセンターフライでアウトになりました。世間はホームランという結果を重視しますが、打者としての能力レベルはDさんのほうがCさんより優れていることはだれもが知っています。それでも、その日のヒーローはCさんになります。

筆者が現役で某支店の支店長を務めていたときの話です。大口の法人から一〇〇億円の借入返済が二期続きました。一〇〇億円の貸出残高減少をカバーしたうえで、中小企業向け貸出で前期比プラスの増加目標額を達成することは事実上不可能でした。これはだれが支店長であっても、どんな優秀な能力をもつ部下であっても無理な話です。これは支店長と担当者の努力や能力が及ばないことですが、当該法人の大口返済は特殊要因としても認められず、支店の業績は二期連続「不振店」という評価になりました。

上記の例を読み、支店長のあなたはどのように考えますか。

支店長は支店を経営するに際して、どのような心得をもって、どのような経営を目指し、どのように態度を心がけて臨むべきでしょうか。多くの支店長は、結果が大事であると考え、結果を出すことに頑張ります。しかし、結果が大事であるからといって、結果さえよければプロセスは問わないということではいけません。よい結果を出し続けようとするならば、偶然の幸運に喜ぶのではなく、プロセスを重要視する経営を行わなければいけません。

すなわち、前記のような想定外のフォローの風で得られた結果について喜ぶことなく、よい結果を出そうとする意識をもち、結果を出すために正しい行動を伴う経営に心がけることが大事です。そうして出た結果こそが称賛に値するのであり、偶然性によって得られた結果は褒められたことではないと考えるべきです。支店長は、意図する結果に至る行動を伴う経営を行わなければいけません。

しかし、現実には、〝しっかりと計画を練り、具体的な施策を考え、意図する行動をしたが、結果には結びつかなかった〟という場合があります。一方、〝計画や準備はせず、行動に無理があったのに、たまたま、よい結果が出た〟ということもあります。

支店長は、計画と行動をプロセスどおりにやって結果がよくなくても、「結果は望むように出なかったが、よくやった」と自らを評価するべきです。王道を歩む経営を行った結果であれば、経営に自信をもつことができます。周囲から称賛は得られなくても、称賛に値する経営であったと支店長自身が心底信じることができるのであれば、それに満足することは許されるはずです。その際、支店長は自己満足するだけでなく、部下の努力も認め、王道を歩むことの大切さを説明することが、OJTにつながると考えます。

軽薄な支店長は、結果と評価が気になり、計画やプロセスがどうであれ、よい結果が出るかどうかだけに関心があるようです。中身が伴わない結果であっても、評価さえ得られれば喜び、中身がない行動も正しかったと感じてしまうようです。これはなんとも恥ずかしく情けない支店長ではありませんか。

軽薄な支店長は、表面的な称賛に喜びを感じる半面、〝悪いことでもバレなければ問題ない〟と思ってしまう傾向があります。それは道徳倫理観を欠いた行動に現れます。不当な称賛にうつつを抜かし、恥ずかしい行為も〝バレなければいい〟という考え方では、立派な経営ができるわけはありません。そのような経営は、部下からだけでなく、取引先からも信用と信頼をなくすことにつながります。しかし、軽薄な支店長はそんなことには気づかず、評価されたい・称賛されたいということだけにこだわります。そして、部下たちもそのような支店長の考え方に悪影響を受けることになれば、ＯＪＴの方向性は誤っているといわざるをえません。

法律に触れなければ何をしてもよいと思っている支店長がいます。数字を上げるためには、取引先が望まないことを無理にお願いして行う、コンプライアンスに抵触する虞があっても「銀行のために」と自己正当化する、恥ずかしい行為・道理に反する行為は「清濁併せ呑む度量が必要だ」とうそぶく、これらのことは自己欺瞞も甚だしいといわざるをえません。

「銀行のために」という言葉の裏に隠されているのは、「保身のために」という自分へのうそや甘えにすぎません。真に銀行のことを考えなければいけない支店長がこのような考え方で支店経営を行うことは、不良債権をつくることより重い罪といわざるをえません。なぜならば、部下に対する教育指導を誤り、取引先から信用・信頼されなくなるからです。不良債権問題はお金で処理・解決できる問題ですが、人材育成の間違いを正すことと、一度落ちた信用と信頼の回復には相当の時間を要することになります。

支店経営は、「失敗したらいけない」「目標未達は許されない」ということではありません。銀行が掲げる経営理念を目的に、与えられた経営与件（部下等）を最大限に活かし、目標の達成に精一杯頑張ることです。支店経営でやってはいけないことは、道徳倫理観に背く「恥ずかしい行為」と「くだらないこと」です。

支店長が自ら道徳的に行動するということは、部下や取引先に対して優しく接し、誠実に向き合うことです。

銀行は信用を基礎として成り立っています。信用は銀行の生命であり、「信を失えばすなわち立たず」です。その銀行の経営を担う支店長に道徳倫理観がなくては、銀行の信用はなくなります。このことを肝に銘じることが、支店長の経営の根本になければいけません。

最後に二人の演説を紹介します。支店長諸氏は「重職心得箇条」とともにこれを読み、何を思い、本書の表題である「支店長の心得」をどのように考えますか。それが本書の命題であります。

一つ目は、三菱財閥の岩崎小彌太（注1）が大正九年（一九二〇年）五月に行った演説です。

（岩崎小彌太傳編纂委員会『岩崎小彌太傳』）

吾々は正義を以て行動しなくてはなりませぬ。若し人不正を以て争はば、我は正義を以て闘ふ可きである。若し人権謀を以て我に対すれば、我は正直を以て迎ふ可きである。人請託を以て地歩を得んとせば、我は勉強と親切を以て対抗すべきである。私は古来不正不義にして最後の勝を得たるものを聴いたことは御座りませぬ。又正義を守って終局の成功を贏《か》ち得ざること無しと深く確信して居るのであります。吾々は正義を守り不正を斥けて、堅実に事業の発展を図らなければならぬと信ずるのであります。（同書遺稿二七頁）

私は我々が仕事を為すに當り、～（中略）～社会に対し国家に対して、此の重要なる任務を遂行することが、我々の職業の第一義であり、又其の目的とする所であると信ずるのであります。而して此の任務を盡すに當りまして（略）、正常なる利益を得るに努むることが、我々の職業の第二義であると信ずるのであります。この両義ともに等しく吾々の活動の重要なる目的であることは勿論ではあるが、第二義は何處までも第二義であって、第二の為に第一義を犠牲にすることは断じて許されないのであります。私が正義を厳守す可し手段方法を愼む可しといふのは、即ち此の義に基づくのであります。（同書遺稿二九～三〇頁）

岩崎小彌太は、正当な手段で利益を得ることに努めることは当然であるが、第一義の目的は社会に資することであるといっています。そして自ら利益を得ることは第二義であり、第二義のために第一義を犠牲にすることは許されないという考え方を述べています。

翻って考えると、銀行は金融業務を通して銀行本来の役割を全うし、経済社会に貢献することが第一義であり、利益を得ることは第二義であるということ、そして銀行は利益を得るために道理を踏み外すようなことを行ってはいけないということです。

この演説の訓諭をもとに、昭和一八年（一九四三年）に「三菱三綱領」（注2）が制定されました。爾来、「三菱三綱領」は三菱各社の企業活動の指針となり、その精神と価値観は「三菱のDNA」となって引き継がれています。

（注1）明治一二年（一八七九年）生まれ。旧制第一高等学校卒、東京帝国大学を中退し英国へ留学。明治三八年（一九〇五年）ケンブリッジ大学を卒業し、三菱合資会社へ入る。大正五年（一九一六年）に三菱合資会社社長に就任、三菱財閥四代目となる。大正六年（一九一七年）から三菱合資会社の各事業部を分社化し、三菱造船・三菱製鉄・三菱倉庫・三菱商事・三菱鉱業を設立、大正八年（一九一九年）に三菱海上火災保険（東京海上火災の前身）と三菱銀行を設立。昭和二〇年（一九四五年）一二月逝去。

（注2）「所期奉公」（社会貢献、事業を通じ豊かな社会の実現に努力）
「処事光明」（フェアプレーに徹し、公明正大で品格ある行動を旨）
「立業貿易」（グローバルな視野に立った事業展開）

二つ目は、結城豊太郎（注）の演説です。これは、昭和一一年（一九三六年）四月に結城豊太郎が日本興業銀行総裁として行員向けに話した演説の一部です。（秋田博『銀行ノ生命ハ信用ニ在リ―結城豊太郎の生涯―』ＮＨＫ出版より抜粋、傍線は筆者）

各位ハ絶ヘズ品性ノ修養ヲ為スト同時ニ銀行者ニ適切ナル知識ヲ廣ク世界ニ求メ時運ノ進展ニ後レザランコトヲ努メラルベシ

銀行ノ生命ハ信用ニ在リ、信用ハ主トシテ業務ノ確実ト善良ナル風紀トニ依リ維持セラル、業務ノ確実ハ明敏ナル判断ト強固ナル意思トニ期セラル可ク、善良ナル風紀ハ個人トシテハ人ヲ慈シミ、事ニ中庸ヲ得、行員トシテハ業務ニ専念スル所ニ生ズ可シ、若シ夫《そ》レ事ニ当リテ公私ヲ混同シ或ハ私《ひそ》カニ投機、賭事ノ類ニ関リ、又ハ身分不相應ノ欲望ニ労スルガ如キ事アラバ終《つい》ニ職務ヲ誤リ、銀行ノ生命ヲ奪フコトトモナル可シ、総ジテ不信用ノ行為ハ小事ヲ熟慮セザル所ニ根ザシ或ハ自ラ恃《じ》スルコト高カラズ、目前ノ利害ニ捉ハルルヨリ起ルモノナレバ各位ハ夢寝《むしん》思《おも》フ是處《ここ》ニ致シ行務處理ノ適否ハ勿論、行ノ内外ニ於ケル一挙手一投足モ其関ハル所軽カラザルニ鑑《かんが》ミ深ク思ヲ致サル可シ（同書二一八頁）

（注）明治一〇年（一八七七年）山形県生まれ、仙台二高・東京帝国大学を卒業し、明治三七年（一九〇四年）日本銀行入行、同行京都支店長・名古屋支店長・大阪支店長を歴任し、理事に就任。大正一〇年（一九二一年）安田銀行副頭取、昭和五年（一九三〇年）日本興業銀行総裁、昭和一一年（一九三六年）商工中金を創設し初代理事長を兼務。昭和一二年（一九三七年）二月大蔵大臣、同年七月日銀総裁に就任。昭和一九年（一九四四年）日銀総裁を辞任。昭和二六年

（一九五一年）逝去。

結城豊太郎の演説のポイントは、書名にもなっている「銀行ノ生命ハ信用ニ在リ」の一語に尽きます。いまの銀行をみるとき、信用より利益を重視し、利他的より利己的な行動が目につきます。支店長はそのことを感じているでしょうか。

両名の演説はどちらも戦前に行われたものですが、「支店長の心得」について考えるとき、この中からいまの時代に通じることを見出し、考えてみてください。

■著者略歴■

吉田　重雄（よしだ　しげお）

1950年東京生まれ。

1973年早稲田大学政治経済学部卒業、同年三菱銀行入行。板橋支店長、融資第一部次長、融資第二部次長、仙台支店長、秋葉原支店長を経て、2001年6月東京三菱銀行を退職。

著書に『事例に学ぶ貸出判断の勘所』『事例に学ぶ貸出先実態把握の勘所』『事例に学ぶ貸出担当者育成の勘所』『貸出業務の王道』『貸出業務の信質《しんしつ》』『事例に学ぶ貸出業務の基本を教えるOJTの勘所』『銀行ルネサンス』（以上、金融財政事情研究会）がある。

KINZAIバリュー叢書
「重職心得箇条」に学ぶ　銀行支店長の心得

2015年8月18日　第1刷発行
2021年3月25日　第2刷発行

著　者　吉　田　重　雄
発行者　加　藤　一　浩
印刷所　三松堂印刷株式会社

〒160-8520　東京都新宿区南元町19
発　行　所　**一般社団法人 金融財政事情研究会**
編　集　部　TEL 03(3355)2251　FAX 03(3357)7416
販　　　売　**株式会社 き ん ざ い**
販売受付　TEL 03(3358)2891　FAX 03(3358)0037
URL https://www.kinzai.jp/

ISBN978-4-322-12694-5